उदय प्रकाश

पचास कविताएँ

नयी सदी के लिए चयन

वाणी प्रकाशन

वाणी प्रकाशन
4695, 21-ए, दरियागंज, नयी दिल्ली 110 002
फ़ोन : +91 11 23273167 फ़ैक्स : +91 11 23275710

शाखाएँ

अशोक राजपथ, पटना 800 004, बिहार
कॉफ़ी हाउस कैम्पस, महात्मा गांधी मार्ग, इलाहाबाद 211 001, उत्तर प्रदेश
महात्मा गांधी अन्तरराष्ट्रीय हिन्दी विश्वविद्यालय, वर्धा 442 001, महाराष्ट्र
सुल्तानिया रोड, मोतिया पार्क, भोपाल 462 001, मध्य प्रदेश

www.vaniprakashan.in
marketing@vaniprakashan.in
sales@vaniprakashan.in

PACHAS KAVITAYEN
NAI SADI KE LIYE CHAYAN
by Uday Prakash

ISBN : 978-93-5000-724-2
Poetry Collection

प्रथम संस्करण 2012
आवृत्ति 2019

मूल्य : ₹ 95

सिटी प्रेस, दिल्ली-110 095 में मुद्रित

वाणी प्रकाशन का लोगो मक़बूल फ़िदा हुसेन की कूची से

क्रम

कुछ बन जाते हैं

तुम मिसरी की डली बन जाओ
मैं दूध बन जाता हूँ
तुम मुझमें
घुल जाओ।

तुम ढाई साल की बच्ची बन जाओ
मैं मिसरी घुला दूध हूँ मीठा
मुझे एक साँस में पी जाओ।

अब मैं मैदान हूँ।
तुम्हारे सामने दूर तक फैला हुआ।
मुझमें दौड़ो। मैं पहाड़ हूँ।
मेरे कन्धों पर चढ़ो और फिसलो।
मैं सेमल का पेड़ हूँ
मुझे ज़ोर-ज़ोर से झकझोरो और
मेरी रुई को हवा की तमाम परतों में
बादलों के छोटे-छोटे टुकड़ों की तरह
उड़ जाने दो।

ऐसा करता हूँ कि मैं
अखरोट बन जाता हूँ
तुम उसे चुरा लो
और किसी कोने में छुपकर
उसे तोड़ो।

गेहूँ का दाना बन जाता हूँ मैं,
तुम धूप बन जाओ
मिट्टी-हवा-पानी बनकर
मुझे उगाओ
मेरे भीतर के रिक्त कोषों में
लुका-छिपी खेलो या कोंपल होकर
मेरी किसी भी गाँठ से
कहीं से भी
तुरत फूट जाओ।

तुम अँधेरा बन जाओ
मैं बिल्ली बनकर दबे पाँव
चलूँगा चोरी-चोरी।

क्यों न ऐसा करें
कि मैं चीनी मिट्टी का प्याला बन जाता हूँ
और तुम तश्तरी
और हम कहीं से
गिरकर एक साथ
टूट जाते हैं सुबह-सुबह।

या मैं गुब्बारा बनता हूँ
नीले रंग का
तुम उसके भीतर की हवा बनकर
फैलो और
बीच आकाश में
मेरे साथ फूट जाओ।
या फिर...
ऐसा करते हैं
कि हम कुछ और बन जाते हैं...।

बचाओ

(अंग्रेज कवि ज्ञानेन्द्रपति के लिए)

चिन्ता करो मूर्द्धन्य 'ष' की
किसी तरह बचा सको तो बचा लो 'ङ्.'
देखो, कौन चुरा कर लिये चला जा रहा है खड़ी पाई
और नागरी के सारे अंक
जाने कहाँ चला गया ऋषियों का 'ऋ'

चली आ रही हैं इस्पात, फाइबर और अज्ञात यौगिक
धातुओं की तमाम अपरिचित-अभूतपूर्व चीज़ें
किसी विस्फोट के बादल की तरह हमारे संसार में
बैटरी का हनुमान उठा रहा है प्लास्टिक का पहाड़
और बच्चों के हाथों में बोल रही है कोई
डरावनी चीज—डींप...डींप...डींप...

बचा लो मेरी नानी का पहियों वाला काठ का नीला घोड़ा
सँभाल कर रखो अपने लट्टू
पतंगें छुपा दो किसी सुरक्षित जगह पर

देखो, हिलता है पृथ्वी पर
अमरूद का अन्तिम पेड़
उड़ते हैं आकाश में पृथ्वी के अन्तिम तोते
बतायें सारे विद्वान्
मैं कहाँ पर टाँग दूँ अपने दादा की मिरजई
किस संग्रहालय को भेजूँ पिता का बसूला
माँ का करधन और बहन के बिछुए मैं
किस सरकार को सौंपूँ हिफाज़त के लिए

मैं अपील करता हूँ राष्ट्रपति से कि
वे घोषित करें
खिचड़ी, ठठेरा, मदारी, लोहार, किताब, भड़भूँजा,
कवि और हाथी को
विलुप्तप्राय राष्ट्रीय प्राणी

वैसे खड़ाऊँ, दातुन और पीतल के लोटे को
बचाने की इतनी सख़्त ज़रूरत नहीं है
रथ, राजकुमारी, धनुष, ढाल और तांत्रिकों के
संरक्षण के लिए भी जरूरी नहीं है कोई कानून

बचाना ही हो तो बचाये जाने चाहिए
गाँव में खेत, जंगल में पेड़, शहर में हवा,
पेड़ों में घोंसले, अखबारों में सच्चाई, राजनीति में
नैतिकता, प्रशासन में मनुष्यता, दाल में हल्दी

क्या कुम्हार, धर्मनिरपेक्षता और
एक दूसरे पर भरोसे को बचाने के लिए
नहीं किया जा सकता संविधान में संशोधन

सरदार जी, आप तो बचाइये अपनी पगड़ी
और पंजाब का टप्पा
मुल्ला जी, उर्दू के बाद आप फ़िक्र करें कोरमे के शोरबे का
ज़ायका बचाने की

इधर मैं एक बार फिर करता हूँ प्रयत्न
कि बच सके तो बच जाये हिन्दी में समकालीन कविता।

समकालीन साहित्य की केन्द्रीय समस्या

समकालीन साहित्य की केन्द्रीय समस्या यह थी
जो बार-बार सामने आती थी
कि हर बार हड्डी एक हुआ करती थी
और जबड़े कई एक

हर बार एक यही दृश्य बनता था
सबसे सुसंगठित, फुर्तीला और ताक़तवर
सुनियोजित तरीके से हड्डी ले भागता था

बाक़ी अस्थि-वंचित
अचानक दिखने लगते थे दार्शनिक या आध्यात्मिक
कोई-कोई उनमें से कबीर के पद गाता था
किसी के क्रन्दन में क्रान्ति का ओज आ जाता था

एक-आध सुस्त और आलसी ऐसे थे
जिन्हें साहित्येतिहास में लगातार सोते हुए दर्ज किया गया था
वे अपनी अधमुँदी आँखें बीच-बीच में खोल देखते थे यह दृश्य
फिर बड़ी क़िस्मत से मिली साहित्य में थोड़ी-सी जगह में
अपनी देह सिकोड़ सो जाते थे

ज़ाहिर है उनका उल्लेख कहीं नहीं होता था
अकादमी की 'हू इज़ हू' में वे दर्ज नहीं थे
उनकी आवाज़ सिर्फ़ रात में कभी-कभी दूर सुनी जाती थी

शामत तो कमला जी, उन मरियलों की थी
जो हड्डी के आसपास भी नहीं पहुँच पाते थे
भूख ने उनको कटखना और लाचारी ने बेचैन बना डाला था
सब उनसे कतराते थे जिससे उनकी सूखती हुई नसों के बचे-खुचे
ख़ून में रेबीज़ भर जाते थे

समकालीन साहित्य की अन्य महत्त्वपूर्ण विडम्बनाओं में से
एक विडम्बना यह भी थी डॉक्टर साहब
कि इसके बावजूद वे हर गण्यमान्य को देखते हुए
अपनी नगण्य-सी काया भाँति-भाँति से हिलाते थे
आँखों में आँखें डालकर अजब दैन्य या उम्मीद में अपलक मुस्कुराते थे

और फिर अगली हड्डी के अन्तराल तक
अपूर्व विलक्षण और अद्भुत काव्य-विन्यास में
अपने समय का सबसे मार्मिक और विचारोत्तेजक
गीत गाते थे
उन्हें अकसर या हमेशा उनकी दर्दनाक मृत्यु के बाद
कवियों की सूची में सम्मानपूर्वक याद किया जाता था
कहते हैं कि वही कविता के नये प्रतिमान बनाते थे

शेष जो सोते थे वे खोते थे

जो जाग़ते थे
वे रोते थे।

ढेला

वह था क्या एक ढेला था
कहीं दूर गाँव-देहात से फिंका चला आया था
दिल्ली की ओर
रोता था कड़कड़ डूमा, मंगोलपुरी, पटपड़गंज में
खून के आँसू चुपचाप

ढेले की स्मृति में सिर्फ बचपन की घास थी
जिसका हरापन दिल्ली में हर साल
और हरा होता था

एक दिन ढेला देख ही लिया गया राजधानी में
लोग-बाग चौंके कि ये तो कैसा ढेला है
कि रोता भी है आदमी लोगों की तरह
दया भी उपजी कुछ के भीतर

कुछ ने कहा कैसे क्या तो करें इसका
नौकरी पर रखें तो क्या पता किसी का
सर ही फोड़ दे
ज्यादातर काँच की हैं दीवारें और इतने कीमती

इलेक्ट्रॉनिक आइटम

कुछ ने कहा विश्वसनीयता का भी प्रश्न है
ढेले की जात कब किस दिशा को लुढ़क जाये
क्या पता किसी बारिश में ही घुल जाये

एक दिन एक लड़की ने पढ़ी ढेले की कविता
और फिर
आया उसे खूब ज़ोर का रोना

ढेला भीतर से काँपा कि आया उसके भी
जीवन में प्यार
आख़िरकार

उस रात उसने रात भर जाग-जागकर लिखी
एक कविता
कि दिल्ली में भी है
दुनिया के सबसे बड़े बैलून से भी ज्यादा बड़ा
एक दिल
जहाँ एक दिन फिरते हैं ढेले के भी दिन

लेकिन अगले दिन वह भागा
और फिर भागता ही रहा
जब लड़की ने अपने प्रेमी से कहा—
'सँभालकर उठाओ और रख दो इस बेचारे को
गुड़गाँव के किसी खेत में

या टिकट देकर चढ़ा दो छत्तीसगढ़ एक्सप्रेस में
और भूल जाओ
उसी तरह जैसे राजधानी की सड़क पर हर रोज
हम भूल जाते हैं कोई-न-कोई
दहशतनाक दुर्घटना'

आदमी लोगो, सुनो!
इस ढेले के भी हैं कुछ विचार
ढेले को भी करनी है बाज़ार में ख़रीददारी
इस कठिन समय में ढेले का सोचना है
उसको भी निभानी है कोई भूमिका

भाई, कोई है?
कोई सुनेगा ढेले का मूल्यवान प्रवचन
कोई अखबार छापेगा
लोकतंत्र और मनुष्यता के संकट पर
ढेले के विचार

भाई, कोई है,
जो उसे उठाये
उस तरह जिस तरह नहीं उठाया जाता कोई ढेला।

सहानुभूति की माँग

आत्मा इतनी थकान के बाद
एक कप चाय माँगती है
पुण्य माँगता है पसीना और आँसू पोंछने के लिए एक
तौलिया
कर्म माँगता है रोटी और कैसी भी सब्जी

ईश्वर कहता है सिरदर्द की गोली ले आना
आधा गिलास पानी के साथ

और तो और फकीर और कोढ़ी तक बन्द कर देते हैं
थक कर भीख माँगना
दुआ और मिन्नतों की जगह
उनके गले से निकलती है
उनके गरीब फेफड़ों की हवा

चलिये मैं भी पूछता हूँ
क्या माँगूँ इस ज़माने से मीर
जो देता है भरे पेट को खाना,

दौलतमन्द को सोना, हत्यारे को हथियार,
बीमार को बीमारी, कमज़ोर को निर्बलता
अन्यायी को सत्ता
और व्यभिचारी को बिस्तर.

पैदा करो सहानुभूति
कि मैं अब भी हँसता हुआ दिखता हूँ
अब भी लिखता हूँ कविताएँ।

तीली

सबसे सरल है
सबसे मुश्किल और महान चीज़ों को नष्ट करना

सिर्फ एक तीली
इतिहास की सबसे प्राचीन और दुर्लभ
पांडुलिपि को राख बना देने के लिए

एक तीली
अब तक पढ़ी न जा सकी, लुप्त सभ्यताओं की
अज्ञात लिपियों को राख
किसी मिथक-नायक के शौर्य और शोक को राख
किसी समाज के स्मृति-कोष, किसी समुदाय के प्राक्‌बिंबों को राख
किसी समूह की अस्मिता
किसी ग़रीब का घर
किसी स्त्री की जवान देह को राख

किसी आस्था के ईश्वर
किसी धर्म के पैगम्बर को राख

सिर्फ एक तीली चाहिए
किसी चिम्पाजी, किसी गुंडे या गुरिल्ला की
एक ज़रा सी हरकत

एक रुपये का चाकू, बीस पैसे की ब्लेड,
दो पैसे की तीली
या किसी अपराधी का मामूली सा पराक्रम
ज़रूरत से कुछ ज़्यादा ही है
मोनालिसा की रहस्यपूर्ण उस हँसी की हत्या के लिए

डेढ़ किलो का मटिया लोहे का एक घन
स्थापत्य के इतिहास में संगमरमर के
सबसे ज़हीन और सबसे अद्‌भुत गुम्बद को मलबे में बदलने के लिए

एक अँधेरा कोना
एक ज़रा-सी फुर्ती

डेढ़ औंस का ढला हुआ सीसा
किसी कवि, किसी संन्यासी, किसी सूफी, किसी मुँहफट जोकर,
किसी विरोधी को
राजधानी की सड़क पर सदा के लिए
चुप और ठंडा करने के लिए

सबसे संक्षिप्त और सबसे सरल है
सबसे लम्बी और जटिल प्रक्रिया में बनी
चीज़ों को ख़त्म करना।

व्यवस्था

दोस्त चिट्ठी में
लिखता है—
'मैं सकुशल हूँ।'

मैं लिखता हूँ—
'मैं सकुशल हूँ।'

दोनों आश्चर्यचकित हैं।

विद्वान् लोग

कम ही बोलते हैं विद्वान्
चुप ही देखा गया है उन्हें ज़्यादातर
हँसते उन्हें देख पाना एक कठिन-सी चीज है
और ज़ोर-ज़ोर से हँसते तो बिल्कुल भी नहीं

खाँसते या गिरते उन्हें देखा गया है जरूर
या कभी-कभार सार्वजनिक सुविधा में खड़े हुए भी
लेकिन खुशी में किसी से लिपटने
और गुस्से में किसी को पीटने जैसा दृश्य
नहीं दिया उन्होंने कभी

बहुत चुने हुए लोगों से
बहुत चुने हुए विषयों पर
बहुत चुनिंदा बातें करते हैं विद्वान् लोग

वैसे वे हँसते तो होंगे ज़रूर
कुछ दूसरे विद्वानों के सामने
कुछ विद्वान् बातों पर

विद्वान् लोगों की हँसी या छींक भी

विद्वान् होती है
और उसका कारण जानना
जो विद्वान् नहीं हैं
उनके बाहर की बात है

बहुत साधारण-सी बातों पर जब
सोचते हैं विद्वान् लोग
तो उनके सोचते ही
वे बातें जुगनुओं में बदल कर
मूढ़ता के इस घनान्धकार में
चमकने लगती हैं

विद्वान् आख़िर वे सोचने की वजह से ही हैं
सो सोचने का ढंग है उनका अपना
विद्वानों को संयोग से अगर
जो विद्वान् नहीं हैं उनके बीच रहना पड़ जाये
तो उनका निधन हो जाये
और वे हिंसक भी हो सकते हैं
क्योंकि सनद रहे ऐसा किसी किताब में नहीं है
कि विद्वान् हत्याएँ नहीं कर सकते

विद्वानों को विद्वानों की दुनिया में ही
रहने देना चाहिए
इसी में विद्वान्
और
दुनिया
दोनों की ख़ैरियत है।

न बरहमनी, न कैथी, यिद्दिश में था जीवन

(अपनी पचासवीं वर्षगाँठ पर)

इतने वर्ष जिये चले जाने के बाद
लगा कि मूलतः जीवन का विन्यास ही ग़लत था
अधिकांश स्थलों पर हिज्जे की अक्षम्य अशुद्धियाँ थीं
और शायद ही कोई वाक्य कहीं व्याकरणसम्मत रहा हो

सम्भवतः इसी कारण जो कहा उसका सदा अनर्थ हुआ
एक समूचा का समूचा जीवन ही इस भाँति व्यर्थ हुआ

प्यार आया तो क़ैफ़ या फ़रहाद की तरह
किसी के साथ जुड़ा तो जैसे वृक्षों की छाल जुड़ती है,
तने के साथ गुत्थमगुत्थ,
हर ऋतु हर साल आयु का एक नया वलय
एक नया वृत्त बनाती हुई कभी गोचर
कभी अगोचर

बोलना चाहा तो धरती की भाषा में जैसा गद्य होता है
मिट्टी और धूल का
गद्य जैसे हवा का

प्रार्थना की तो जैसे पानी की बोली में होती है विनम्र-सी नगण्यता

या नींद की उनींदी वाक्य-संरचनाओं में माँ जिस तरह
बचपन में गाती थी लोरी

रोया तो जैसे आधी रात आकाश में अकेला नक्षत्र अपने ही उजाले
में डबडबाया
चुप हुआ तो मौन एक तप था, ताप में ताये
या तम के तालाब में डूबे किसी पर्वत का
गृहस्थी थी काठ की गाड़ी, जिसके पहिए
बार-बार धँस जाते थे हर डगर पर

भाषा थी, जिसके शब्दों को किसी ताँतिए या धुनिए की तरह
धुनकता रहता था रात-दिन...दिन-रात
बिना जागे, बिना सोये
बिना जिये, बिना मरे
रुई फिर भी पूरी खिल नहीं पाती थी,
जुट नहीं पाती थी देह ढँके भर को
चादर

समाज था, जिस पर प्रजा का वश नहीं था कोई
दिशाएँ थीं, जिन्होंने सदा छलने का काम किया

असंख्य मद्यप थे, रसिक और हाकिम
भाषा की गलियों और मोहल्लों में जिनका राज था
अलंकार थे गण्यमान्यों और गणिकाओं के ही निमित्त
संस्थान थे, साधन थे, सम्मान थे उन्हीं के हेतु

बिरथा और अकारथ अर्द्धशती पर अपने ही जाना
कि जीवन की लिपि ही जनम से बिगाड़ दी सतगुरु ने
यदि था यह जीवन कलापूर्ण
तो इसकी लिपि होनी थी बरहमनी
था यदि यह प्रगतिकामी तो लिखा होता करतार ने कृपापूर्वक इसे
कैथी में
नागरी भी होती तो कहलाता आधुनिक
मोल इसका भी लगता इस बाज़ार के भूमण्डल में

यह जीवन तो लिख दिया गया था
अ-नाथों के गुह्य आखर में
मृतक ही इसे बाँचते थे, मृतक ही इसे बूझते थे,
मृतक ही मगन हो नाचते थे
वर्तमान में कहीं नहीं थी उनकी उपस्थिति
जैसे आइज़क बशाविस सिंगर ने अपनी कथा लिख दी यिद्दिश में
जिसकी लिपियाँ बाँचते हैं सिर्फ़ प्रेत

बख़्श दें किसी तरह जीवित लोग मेरा यह जीवन

धुनकने दें पचास बरस से इकट्ठा रुई को गठान
तो शायद माटी की बानी में कभी कुछ खिले
किसी दिन किसी जीवित को भी कभी कुछ शायद दिखे

सुनियो घोष बड़ो ब्यौपारी

जब कभी खिलेगा तभी तो आपको कुछ दिखेगा।

राजधानी में बैल

एक

बादलों को सींग पर उठाये
खड़ा है आकाश की पुलक के नीचे

एक बूँद के अचानक गिरने से
देर तक सिहरती रहती है उसकी त्वचा

देखता हुआ उसे
भीगता हूँ मैं

देर तक।

दो

एक सफ़ेद बादल
उतर आया है नीचे
सड़क पर

अपने सींग पर टाँगे हुए आकाश

पृथ्वी को अपने खुरों के नीचे दबाये अपने वज़न भर
आँधी में उड़ जाने से उसे बचाते हुए
बौछारें उसके सींगों को छूने के लिए
दौड़ती हैं एक के बाद एक
हवा में लहरें बनती हुईं

मेरा छाता
धरती को पानी में घुल जाने से
बचाने के लिए हवा में फड़फड़ाता है

बैल को मैं अपने छाते के नीचे ले आना चाहता हूँ
आकाश, पृथ्वी और उसे भीगने से बचाने के लिए

लेकिन शायद
कुछ छोटा है यह छाता।

तीन

सूर्य सबसे पहले बैल के सींग पर उतरा
फिर टिका कुछ देर चमकता हुआ
हल की नोक पर

घास के नीचे की मिट्टी पलटता हुआ सूर्य

बार-बार दिख जाता था
झलक के साथ
जब-जब फाल ऊपर उठते थे

इस फ़सल के अन्न में
होगा
धूप जैसा आटा
बादल जैसा भात

हमारे घर के कुठिला में
इस साल
कभी न होगी रात।

चार

पेसिफ़िक मॉल के ठीक सामने
सड़क के बीचोबीच खड़ा है देर से
वह चितकबरा

उसकी अधमुँदी आँखों में निस्पृहता है अजब
किसी सन्त की
या फिर किसी ड्रग-एडिक्ट की

तीख़े शोर, तेज़ रफ्तार, आपाधापी और उन्माद में
उसके दोनों ओर चलता ही रहता है
अनन्त ट्रैफिक

घंटों से वह वहीं खड़ा है चुपचाप
मोहनजोदाड़ो की मुहर में उत्कीर्ण
इतिहास से पहले का वृषभ
या काठमांडू का नान्दी

कभी-कभी बस वह अपनी गर्दन ज़रा-सी हिलाता है
किसी मक्खी के बैठने पर
उसके सींगों पर टिकी नगर-सभ्यता काँपती है
उसके सींगों पर टिका आकाश थोड़ा-सा डगमगाता है

उसकी समृतियों में अभी तक हैं खेत
अपनी स्मृतियों की घास को चबाते हुए
उसके जबड़े से बाहर कभी-कभी टपकता है समय

झाग की तरह।

पाँच

अपनी दोनों हथेलियों के बीचोबीच
भर लो उसके कन्धे का ककुद

और देर तक आँखें मूँदे थामे ही रहो
अपनी चेतना तक महसूस करते हुए
उसका स्पर्श

उसी तरह जैसे
हथेलियों की त्वचा और
हृदय के बीचोबीच थामा जाता है
प्रेमिका का स्तन

क्या शिव है वह
उसकी देह पर उगा?

एक अतिरिक्त सुन्दरता
एक अतिरिक्त भार
देह के आकार के गढ़े जाने के दौरान
बची रह गयी अतिरिक्त मिट्टी
जिसे रख दिया विधाता ने यों ही वहाँ
बिना कुछ सोचे?

बैल और स्त्री
व्यर्थ है दोनों के लिए
उनकी देह की यह अतिरिक्त मात्रा
बताते हैं चिकित्सक

दुनिया के किसी भी बैल के कन्धों पर
नहीं होता यह ककुद
इसीलिए मोहनजोदाड़ो के बैल के कन्धों पर रखा गया
संसार का सबसे पहला जुआ

संसार में सबसे पहले धरती पर चला हल
सबसे पहले शुरू हुई जुताई

पुरातत्त्वविद बताते हैं

संसार में सबसे पहले बसे नगर
बैल के कन्धे पर रखे ककुद
पर निर्भर

इतिहास जहाँ से शुरू होता था
उसके पहले छोर पर
खड़े थे
बैल और स्त्री

अपने-अपने ककुदों से रचने के लिए
सभ्यताओं का भविष्य।

छह

आई०टी०ओ० पुल के पास
दिल्ली के सबसे व्यस्त चौराहे पर खड़ा है वह

उसे स्मृति में दिखते हैं
गोधूलि में जंगल से गाँव लौटते अपने पितर-पुरखे

उसकी आँखों के सामने
किसी विराट हरे समुद्र की तरह
फैला हुआ कौंधता है चरागाह

उसके कानों में गूँजती रहती है
पुरखों के रँभाने की आवाज़ें
स्मृतियों से बार-बार उसे पुकारती हुई उनकी व्याकुल टेर

बयालीस लाख या सैंतालीस लाख
कारों और वाहनों की रफ़्तार और हॉर्न के बीच
गहरे असमंजस में जड़ है वह

आई०टी०ओ० पुल के चौराहे से
कहाँ जाना चाहिए उसे

पितरों-पुरखों के गाँव की ओर,
जहाँ नहीं बचे हैं अब चरागाह
या फिर कनॉट प्लेस या पालम हवाई अड्डे की दिशा में

जहाँ निषिद्ध है सदा के लिए
उसका प्रवेश।

माँ

अपने गाँव में मेरा आना
एक अजीब-से वाक्य के मध्य में हुआ था

वह वाक्य जिसके द्वारा मैं पृथ्वी पर सम्भव हुआ
उसमें कोई क्रियापद नहीं था
न कोई कर्त्ता, न सहायक क्रिया, न अन्त में कोई खड़ी पाई

जब मैं बोला तो पहले घर और फिर गाँव वालों ने जाना
कि मैं आ गया हूँ
इसके बाद ही गाना-बजाना हुआ
आँगन में चाची और फुआ ने सोहर गाये
फूफा और भाई ने फोड़े पटाखे
बहनें सुरसुरिया जलाकर तिनगियों के नन्हे-नन्हे फूल बिखेरतीं
सारे गाँव में दौड़ती फिरीं

आज आधी से भी अधिक सदी के बाद मेरी धुँधली पड़ती स्मृति में
उस समय के उल्लास और कोलाहल की असंख्य ध्वनियाँ हैं
पहली बार सुनी गयी दुनिया की भाषा है
जिसमें अनगिनत समाप्त होते सम्पूर्ण वाक्य हैं

असंख्य क्रियापदों, कर्त्ताओं,
विशेषणों और कालवाची सहायक क्रियाओं वाले
श्लेष और दुर्गम वक्रोक्तियों से लदे-फदे वाक्य
जिनसे चलता है सारा कारोबार
व्यापार और सरकार

अचरज है कि आज तक
जब भी घिरता हूँ मैं अँधेरे और अकेलेपन में अपनी जर्जरता के साथ
हर बार पता नहीं कहाँ से चला आता है वही पहला वाक्य
मेरी ओर अपने व्याकुल हाथ बढ़ाता हुआ

वही पहला वाक्य
जिसके मध्य में मैं इस धरती पर आया
और जिसमें एक ही शब्द था
फ़क़त एक व्यंजन और उसी में विलीन होता एक स्वर
बिना किसी विराम के सौरमंडल के अनन्त तक जाता हुआ

अचरज यह कि दुनिया की सभी भाषाओं के सभी शब्दकोशों में
मौजूद था वह शब्द
लेकिन किसी भी व्याकरण ने उसे
एक समूचे वाक्य का दर्जा नहीं दिया था
आप बताएँगे क्यों?

और यह भी कि आख़िर आप किस वाक्य के बीचोबीच
अपने शहर या पृथ्वी पर आये थे?

नींव की ईंट हो तुम दीदी

पीपल होतीं तुम
पीपल, दीदी
पिछवाड़े का, तो
तुम्हारी ख़ूब घनी-हरी टहनियों में
हारिल हम
बसेरा लेते।

हारिल होते हैं हमारी तरह ही
घोंसले नहीं बनाते कहीं
बसते नहीं कभी
दूर पहाड़ों से आते हैं
दूर जंगलों को उड़ जाते हैं।

पीपल की छाँह
तुम्हारी तरह ही
ठंडी होती है दोपहर।

ढिबरी थीं दीदी तुम
हमारे बचपन की

अचार का तलछट तेल
अपनी कपास की बाती में सोखकर
जलती रहीं।
हमने सीखे थे पहले-पहल अक्षर

और अनुभवों से भरे किस्से
तुम्हारी उजली साँस के स्पर्श में।
जलती रहीं तुम
तुम्हारा धुआँ सोखती रहीं
घर की गूँगी दीवारें
छप्पर के तिनके-तिनके
धुँधले होते गये

और तुम्हारी
थोड़ी-सी कठिन रोशनी में
हम बड़े होते रहे।

नदी होतीं, तो
हम मछलियाँ होकर
किसी चमकदार लहर की
उछाह में छुपते
कभी-कभी बूँदें लेते
सीपी बन
किनारों पर चमकते।

चट्टान थीं दीदी तुम
सालों पुरानी।

तुम्हारे भीतर के ठोस पत्थर में
जहाँ कोई सोता नहीं निझरता,
हमीं पैदा करते थे हलचल
हमीं उड़ाते थे पतंग।

चट्टान थीं तुम और
तुम्हारी चढ़ती उम्र के ठोस सन्नाटे में
हमीं थे छोटे-छोटे पक्षी
उड़ते तुम्हारे भीतर

वहाँ झूले पड़े थे हमारी ख़ातिर
गुड्डे रखे थे हमारी ख़ातिर
मालदह पकता था हमारी ख़ातिर
हमारी गेंदें वहाँ
गुम हो गयी थीं।

दीदी, अब
अपने दूसरे घर की
नींव की ईंट हुईं तुम तो
तुम्हारी नयी दुनिया में भी
होंगी कहीं हमारी खोई हुई गेंदें
होंगे कहीं हमारे पतंग और खिलौने

अब तो ढिबरी हुईं तुम
नये आँगन की
कोई और बचपन
चीन्हता होगा पहले-पहल अक्षर

सुनता होगा किस्से
और यों
दुनिया को समझता होगा।

हमारा क्या है, दिदिया री!
हारिल हैं हम तो
आएँगे बरस-दो बरस में कभी
दो-चार दिन
मेहमान-सा ठहरकर
फिर उड़ लेंगे कहीं और।

घोंसले नहीं बनाये हमने
बसे नहीं आज तक।

कठिन है
हमारा जीवन भी
तुम्हारी तरह ही।

पिता

पिता
झाड़-झंखाड़, घाटियों और पत्थरों से भरे
चटियल मैदान थे।
पिता सागौन, शीशम, बबूल, तेंदुओं और हिरनों से भरे
बीहड़ थे।

बचपन में अक्सर
किसी ऊँचे टीले पर चढ़ कर
मैं आस-पास के गाँवों में
ललकार दिया करता था।

नाके के पार
शहर तक में
पिता का रौब था।
एक-एक इमारत पर
उनकी कन्नियाँ सरकी थीं।
एक-एक दीवार पर
उनकी उँगलियों के निशान थे।
हर दरवाज़े के काठ पर

उनका रन्दा चला था।

नाके के इस पार
जहाँ से गाँव की वीरानगी शुरू होती है
हर खेत की कठोर छाती पर
पिता अपनी कुदाल
धँसा गये थे।
हल की हर मूठ पर
उनकी घट्ठेदार हथेलियों की छाप थी।
हर गरियार बैल के पुट्ठों पर
उनके डण्डे के दाग थे...

बचपन में
पिता के कन्धे पर बैठ कर
मैं बाज़ार घूमने जाता था।

पिता पहाड़ की तरह
चलते भीड़ के बीच
उनके कन्धे पर मैं
जंगली तोते की तरह बैठा रहता।

बाद में पिता
गायब हो गये
कहते हैं खेत, कुदाल,
बैल, इमारतें, ईंटें, दरवाज़े, बाज़ार
उन्हें पचा गये।

मुझे लगता है
उस चटियल मैदान
के भीतर (जो पिता थे)
ज़मीन की दूसरी-तीसरी पर्तों में।
सरकता हुआ कोई
नम सोता भी था

जो मेहनत करते
पिता की देह के अलावा
कभी-कभी मेरी आँखों से भी
रिसने लगता था।

घोड़े की सवारी

लड़का उसे बड़ी देर से
घोड़ा कहकर
उसकी टाँगों पर
चढ़ रहा था।

वह लेटा हुआ था पीठ के बल।
बायें घुटने पर
दायीं टाँग थी
जो लड़के के लिए घोड़े की
पीठ थी।

उसके पैर के अँगूठे को लड़का
घोड़े के कान की तरह
ऐंठ रहा था।

उसने टाँगें हिलायीं धीरे से कि
लड़का गिर नहीं
'चला घोड़ा, चला' लड़के ने
ताली पीटी और जीभ से

चख्-चख् की आवाज़ निकाली।

उसके सिर में दर्द था सुबह से ही
वह सोना चाहता था तुरत
लेकिन लड़के ने घंटे-भर से उसे
घोड़ा बना रखा था।

अचानक लड़का गिरा फ़र्श पर
उसका माथा दीवार से टकराया
उसे लगा, लड़के को
चोट ज़रूर आयी होगी।

उसने वापस आदमी होने की
कोशिश की और
उठकर बैठ गया।

वह लड़के को चुप कराना
चाहता था।

लेकिन उसके गले में से
थके हुए घोड़े की
हिनहिनाहट निकली सिर्फ़!

दरवाज़ा

आदमी दरवाज़े के भीतर से
और दरवाज़े के बाहर से
डरता है।

दरवाज़ा दो डरों के बीच
मरा हुआ पेड़ होता है।

दरवाज़ा मरे हुए जंगल की
काठ का होता है
जिसमें दाखिल होने के बाद
आदमी मर जाता है।

दरवाज़ा मरी हुई ऋतुओं की
लाश का होता है
जिससे गुज़रने के बाद
आदमी मर जाता है।

दरवाज़ा आदमी के सो जाने के बाद
रेंगता है।

उसकी छाती में खुलता है,
सपनों को भीतर
बन्द कर देता है।
दरवाज़ा नींद में सेंध लगाकर
घुसता है और
आदमी के दिमाग़ में जंगल छोड़ देता है।

नींद में बर्राता है आदमी,
दरवाज़ा सब समझता है।
हँसता है धीरे-धीरे।
साँकल नाचती है,
पीतल के मज़बूत ताले
दाँत निकालते हैं।

आधी रात दरवाज़े की काठ में
बनैले पशुओं का ख़ून दौड़ता है
गुर्राता हुआ...
पेड़ की जड़ों में दफ़न हुए बच्चे
रोते हैं
बीच जंगल में मरी हुई स्त्रियों की आत्माएँ
कराहती हैं और टहलती हैं।

सोता हुआ आदमी
बेफ़िक्र होता है कि
दरवाज़ा मुस्तैद है।
साँकल चढ़ी है।
कब्ज़े मज़बूत हैं।

नहीं जानता
नींद में डूबा हुआ आदमी
कि दरवाज़ा रात में
दुश्मनों को पुकारता है
बीमारियों को इशारे करता है
जंगल में मरे हुए
बच्चों और स्त्रियों को
भीतर ले आता है।

बच्चे आदमी की स्मृति में
रोते हैं।
आदमी की स्मृति में नंगे पाँव चलती
पुरानी स्त्रियाँ हँसती हैं।

यह एक डरावना सच है कि
रात में दरवाज़ा
हमेशा खुला रहता है।

घर

इस समय
जब कि कोई भी वाक्य पहले का अर्थ नहीं देता
मैं कहना चाहता हूँ
'मैं घर जाना चाहता हूँ'

वह मेरी आत्मा और मेरे
हृदय की आवाज़ है
अगर ऐसी चीज़ें अब भी हैं तो

इस समय
जब कि 'घर' का वह अर्थ नहीं रहा
जब कि मैं बूढ़ा हो रहा हूँ
जब कि शीशम के पेड़ नहीं रहे और
सरौतियाँ और पहले वाली बूढ़ियाँ नहीं रहीं
इस समय
जब कि बच्चे लालटेन के चित्र किताबों में देख रहे हैं

इस समय

मैं शायद बहुत मलीन, बहुत भावुक और बिल्कुल बच्चा
हो रहा हूँ
यह जानते हुए भी मैं कह रहा हूँ
'मैं घर जाना चाहता हूँ'

मेरी आत्मा की आवाज़ है यह

जब कि घर रोज़गार नहीं है
जब कि कोठरियों में बाज़ार नहीं लगा है
जब कि घर से दूर मेरा शरीर आज खुद एक घर है बाढ़ में डूबा
जब कि इस घर में कई प्राणी बसते हैं

इस समय जब कि घर की ओर जो ताकता है
वह नष्ट हो रहा है
जो उस दिशा को जा रहा है वह हार रहा है
और यथार्थ उसे निर्ममता के साथ सरलतापूर्वक मिटा रहा है

जब कि सब लोग घर छोड़-छोड़कर बाहर निकल रहे हैं
जब कि कूच की तैयारी है, सब सामान बाँध रहे हैं
मैं कह रहा हूँ
'मैं घर जाना चाहता हूँ'

जब कि इस वाक्य के सारे हिज्जे
अनिश्चयवाचक हैं
मुझे पता है वे वह अर्थ दे भी नहीं रहे हैं
जो आप ले रहे हैं और जो मैं उन्हें देना
चाहता हूँ

इस समय
सिर्फ़ मेरा हृदय जानता है
किस हाल में मैं इस वाक्य का इस्तेमाल कर रहा हूँ

और वे जानते हैं
जो मेरी तरह
अपने-अपने घर जाना चाहते हैं।

दुआ

हुमायूँ ने दुआ की थी
अकबर बादशाह बने

अकबर ने दुआ की थी
जहाँगीर बादशाह बने

जहाँगीर ने दुआ की थी
शाहजहाँ बादशाह बने

बादशाह हमेशा बादशाह के लिए
बादशाह बनने की दुआ करता है

लालक़िले का बूढ़ा दरबान
बताता है।

कवि की पीड़ित खुफ़िया आँखें

हत्यारे ने उस औरत को मारने में दो मिनट लगाये
उस पर दो शताब्दियों तक चलता है मुकदमा
जिसने सार्वजनिक कोष से साफ-साफ उड़ा लिये सैकड़ों करोड़ रुपये
उसकी सत्तर साल तक जाँच करता है जाँच आयोग

कोई किसी से पूछता है, क्यों यह समय इतना निरपेक्ष और किसी
अक्षम्य पाप जैसा है
जब नहीं सुनता कोई किसी की बात तो एक उपेक्षित कवि
अपने कान समूची पृथ्वी पर लगाता है
हर अँधेरे में सुलगती हैं उसकी पीड़ित आत्मा की खुफ़िया आँखें

अप्रासंगिकताएँ क्यों हावी हैं इस कदर तमाम अच्छी और जरूरी
चीज़ों पर
जो चीज़ें ठीक-ठाक हैं और जो चाहिए तमाम लोगों को उनका
विज्ञापन क्यों नहीं दिखाई देता कहीं?
उनकी कोई कीमत क्यों नहीं बची, कुछ बतायेंगे आप?

एक छोटी-सी जेब में समा जाने वाली कंघी,

खैनी, राई, अरहर और गुड़ के लिए
अपने कपड़े क्यों नहीं उतारतीं मधु सप्रे और अंजलि कपूर
बीड़ी के बंडल का रैपर क्यों नहीं बनाते अलेक पदमसी
वे कौन हैं जिनके लिए है इतना सारा उद्योग

रात भर कई सालों से गिरती हैं आकाश से सिसकियाँ और खून
स्वप्न चुभते हैं उसके तलवों में जो भी इस समाज से गुजरता है
एक गरीब धोबी जो टैगोर हो सकता था
सारे शहर के कपड़े धोता है इतनी ठंड में आधी रात अपने
आँसुओं से
एक स्त्री इतनी ज़ोर-ज़ोर से हँसती है अपनी हत्या के ठीक एक
पल पहले

कोई विश्वास होता है हर बार, जिसका घात होता है हर बार
सब लोग यह सब जानते हैं पर खामोशी ही लाजिमी है
जो यथार्थ को व्यक्त करता है
वह मार दिया जाता है अफवाहों से।

टेलिफ़ोन

तकनीक ने छीना चरखा, काल ने छीनी माँ
सभ्यता ले गयी रस्सी, थाली और धोती

नींद के लिए बाक़ी था कल तक किसी कोने में एक अँधेरा
उठा ले गया बाज़ार
थोड़ी-सी थी जो इज़्ज़त ले गयी ग़रीबी

लालच ने खाया लिहाज़, दूरबीन ने देखी हारे हुए ईश्वर की
लौटती हुई पीठ
लपटें ले गयीं पिता का सोने जैसा शरीर

ख़ामोशी ने बनाया संदिग्ध, दुःखों ने तोड़े घुटने, चिन्ताओं ने
छीनी रोशनी और बाल
एक लड़की आयी थी परसों पूछने हाल
अपने जीवन-भर वह कहीं नहीं लौट पायी

धन्यवाद टेक्नोलॉजी
कि सबसे गये-गुज़रे कवि को भी तो दिया ही है एक टेलिफ़ोन
काँपती हुई कभी-कभी आती है
बामियान के पहाड़ों से उसकी आवाज़।

वे यहीं कहीं हैं

(1 जनवरी, 1990 में सफ़दर हाश्मी की हत्या की स्मृति में लिखी गयी कविता)

वे कहीं गये नहीं हैं,
वे यहीं कहीं हैं
उनके लिए रोना नहीं।

वे बच्चों की टोली में रंगीन बुश्शर्ट पहने बच्चों के बीच गुम हैं
वे मैली बनियान पहने मलबे के ढेर से बीन रहे हैं
हरी पीली लाल प्लास्टिक की चीज़ें

वे तुम्हारे हाथ में चाय का कप पकड़ा जाते हैं
अख़बार थमा जाते हैं
वे किसी मशीन, किसी पेड़, किसी दीवार,
किसी किताब के पीछे छुपकर गाते हैं

पहाड़ियों की तलहटी में गाँव की ओर जाने वाली सड़क पर वे हँसते हैं
उनके हाथों में गेहूँ और मकई की बालियाँ हैं

बहनें जब होती हैं किसी जंगल, किसी गली
किसी अँधेरे में अकेली
तो वे साइकिल पर अचानक कहीं से तेज़-तेज़ आते हैं
और उनके आसपास घंटी बजा जाते हैं

वे हवा का जीवन, सूरज की साँस, पानी की बाँसुरी,
धरती की धड़कन हैं
वे परछाइयाँ हैं समुद्र में फैली हुईं
वे सिर्फ़ हड्डियाँ और सिर्फ़ त्वचा नहीं थे कि मौसम के अम्ल में गल
जाएँगे
वे फ़क़त ख़ून नहीं थे कि मिट्टी में सूख जाएँगे
वे कोई नौकरी नहीं थे कि बरख़ास्त कर दिये जाएँगे

वे जड़ें हैं हज़ारों साल पुरानी,
वे पानी के सोते हैं
धरती के भीतर-भीतर पूरी पृथ्वी और पाताल तक वे रेंग रहे हैं
वे अपने काम में लगे हैं जब कि हत्यारे ख़ुश हैं कि
हमने उन्हें ख़त्म कर डाला है

वे किसी दौलतमंद का सपना नहीं हैं कि
सिक्कों और अशर्फ़ियों की आवाज़ से टूट जाएँगे

वे यहीं कहीं हैं
वे यहीं कहीं हैं
किसी दोस्त से गप्प लड़ा रहे हैं
कोई लड़की अपनी नींद में उनके सपने देख रही है
वे किसी से छुपकर किसी से मिलने गये हैं

उनके लिए रोना नहीं

कोई रेलगाड़ी आ रही है
दूर से सीटी देती हुई

उनके लिए आँसू नासमझी है
उनके लिए रोना नहीं
देखो वे तीनों—सफ़दर, पाश और सुकान्त
और लोरका और नज़रुल और मोलाइसे और नागार्जुन
और वे सारे के सारे
जल्दबाज़ी में आएँगे
कॉस्ट्यूम बदलकर नाटक में अपनी-अपनी भूमिका निभाएँगे
और तालियों और कोरस
और मंच की जलती-बुझती रोशनी के बीच
फिर ग़ायब हो जाएँगे

हाँ, उन्हें ढूँढ़ना ज़रूर
हर चेहरे को ग़ौर से देखना
पर उनके लिए रोना नहीं
रोकर उन्हें खोना नहीं

वे यहीं कहीं हैं...
वे यहीं कहीं हैं।

सुनो कारीगर

यह कच्ची
कमज़ोर सूत-सी नींद नहीं
जो अपने आप टूटती है

रोज़-रोज़ की दारुण विपत्तियाँ हैं
जो आँखें खोल देती हैं अचानक

सुनो, बहुत चुपचाप पाँवों से
चला आता है कोई दुःख
पलकें छूने के लिए
सीने के भीतर आनेवाले
कुछ अकेले दिनों तक
पैठ जाने के लिए

मैं एक अकेला
थका-हारा कवि
कुछ भी नहीं हूँ अकेला
मेरी छोड़ी गयीं अधूरी लड़ाइयाँ

मुझे और थका देंगी

सुनो, यहीं था मैं
अपनी थकान, निराशा, क्रोध
आँसुओं, अकेलेपन और
एकाध छोटी-मोटी
ख़ुशियों के साथ

यहीं नींद मेरी टूटी थी
कोई दुःख था शायद
जो अब सिर्फ़ मेरा नहीं था

अब सिर्फ़ मैं नहीं था अकेला
अपने जागने में

चलने के पहले
एक बार और पुकारो मुझे

मैं तुम्हारे साथ हूँ

तुम्हारी पुकार की उँगलियाँ थाम कर
चलता चला आऊँगा
तुम्हारे पीछे-पीछे

अपने पिछले अँधेरों को पार करता।

शरीर

मेरा एक डॉक्टर दोस्त, जो एक अत्यन्त प्रखर कवि भी है, कहता है—
यह हमारा शरीर केवल एक जीवित इकाई नहीं
कई सौ जीवित इकाइयों का एक जटिल और अद्‍भुत तकनीक से
संयोजित एक कमाल का संगठन है

किसी बहुत विकसित राज्य के असंख्य संस्थानों, न्याय पालिकाओं
और कार्य पालिकाओं,
हजारों विधि-विधानों और करोड़ों नागरिकों की सैकड़ों भाषाओं और
उनकी अनगिनत क्षेत्रीय और सांस्कृतिक भिन्नताओं
तथा हर नागरिक की अत्यन्त मौलिक व्यक्तिगत विशेषताओं के
समग्र जटिल-संश्लिष्ट अन्तःसम्बन्धों
से भी ज्यादा जटिल, रहस्यपूर्ण और संश्लिष्ट है
शरीर की इन इकाइयों का अन्तःसम्बन्ध

और किसी राज्य के अस्तित्व की तरह ही
अनगिनत संयोगों और सम्भावनाओं पर टिका है हमारा जीवन

उसके अनुसार हमारे शरीर के हर अंग का अलग है एक जीवन
एक अपना अलग स्वभाव, अलग चरित्र, अलग किस्म की ज़रूरतें

और एक अलग इतिहास

मेरा ही उदाहरण लीजिए, मेरी दायीं आँख ने ज्यादा दुख झेले हैं अपने जीवन में
सबसे ज़्यादा उसी में आते हैं आँसू
बायाँ हाथ ज़्यादा काँपता है, दायें के मुकाबले वह ज्यादा बूढ़ा हो रहा है उम्र से पहले

गले में जहाँ कभी हुआ करता था संगीत
एक अन्धा कुआँ है जिसमें से आती है मरे हुए पानी की भर्राई हुई आवाज़
बीमार और ढीली हो कर तलवे तक गिर चुकी है आत्मा
जिस पर असर नहीं करतीं न दवाएँ न दुआएँ, हर यात्रा में हर बार चुभती है कोई कील
घुटने जानते हैं सीढ़ियाँ ही सीढ़ियाँ हैं सारा संसार
इतिहास में दाखिल होने के पहले ही फिसल जायेगी कटोरी

रहा मस्तिष्क तो उसकी भी अपनी अलग आत्मकथा है
उसके कई हिस्से अभी तक उपनिवेश हैं किसी अन्य साम्राज्य के
कुछ हिस्सों में दिखता है कोई स्वप्न या दूर कहीं जलता है कोई बल्ब
और बुझ जाता है

एक ग़म है रोज़गार का जो बुखार है मेनिंजाइटिस का उसमें आती हैं गड्ड-मड्ड स्मृतियाँ
और चीखते हैं तमाम कोटरों में करोड़ों लोग
यह उच्च-रक्त-चाप है कहता है डॉक्टर

आमाशय ने बचपन से ही बहुत दुख झेले हैं
जीभ की स्मृति में बार-बार कौंधता है माँ का चेहरा चूल्हे की मद्धिम

आँच में चन्द्रमा-सा
धुएँ और भूख के पार के आकाश में दिप-दिपाता
गल रही है किडनी तम्बाकू के निकोटीन में

समाज की तरह ही मेरे शरीर में भी हो रहे हैं अत्यन्त महत्त्वपूर्ण
ऐतिहासिक परिवर्तन
मेरे नियन्त्रण से दूर और स्वायत्त, अपने ही नियमों से निमग्न
मेरे विचारों, रचनाओं, आकांक्षाओं और सिद्धातों से बिल्कुल
अप्रभावित

मैं हूँ एक दर्शक फ़क़त
अपनी ही दुनिया और अपनी ही देह का
अपनी ही मरम्मत में व्यस्त

कई सौ अंगों का चलता फिरता एक जटिल समुच्चय
अपने इतिहास और रोगों को ढोता एक समस्याग्रस्त ढाँचा
इस दिशा से उस दिशा किसी उम्मीद में किसी उन्माद में
भागता-दौड़ता
एक उत्पीड़ित गुलाम गणराज्य

किसी दिन अपनी ही इच्छा या अपने ही दुखों से निष्पंद हो जायेगा
कोई एक अंग
या हो जायेगा इतना स्वतंत्र कि तहस-नहस हो जाएँगी सारी
संरचनाएँ

कहा जाएगा—कल तक तो ठीक-ठाक था।
देर रात तक लिखता रहा कविताएँ
बिल्कुल भला-चंगा था
बस दग़ा दे गया दिल।

पंचनामे में जो दर्ज़ नहीं है

वे सभी अवश्य किसी और की प्रतीक्षा में थीं
जब उन्हें पारस्परिक अँधेरे में घसीटा गया
आग के आस-पास उन पर रंग चढ़ाये गये
उन्हें पवित्र कर उन्हें जरी और गोटे के कपड़ों से मढ़ा गया
तेल और हल्दी और चंदन का उबटन लगाया गया

वे बिस्तर की तरह ठंडी
और किसी लावारिस लाश की तरह बेबस थीं
जब सारी खिड़कियाँ-दरवाज़े बन्द कर
बाजे-गाजे के साथ उनकी जंघाएँ खोली गयीं
वे जायकेदार व्यंजनों की तरह मसालों की खुशबुओं में महकती थीं

बरनम वन से काटकर लाये गये बाँस की अभागी बाँसुरियाँ
हत्यारों की उत्तेजित शिराओं में
जिसकी धुनें लगातार बजती थीं

मसलने के लिए फूल, धुनने के लिए रूई, जलाने को कपूर
कुचलने को घास

जो उन्हें खाता वे उसका स्वाद थीं

सुबह-सुबह चादरों और उनके कपड़ों में
रात के रक्तपात के धब्बों से अनुमान लगाया गया
वे कितनी अक्षत और निष्कलंक थीं

हर रात सन्देह की आग से वे बिना जले निकल आतीं
और घर के काम-काज में बिना तनख्वाह माँगे लग जातीं
उनके गर्भ और अतीत की तमाम संदेहास्पद गलियों में जासूस तैनात
किये जाते लेकिन बिना कोई सबूत वे छतों और बाज़ारों और
आँगन और बालकनियों में
निरपराध तितलियों और गौरैयों की तरह चहकतीं

चुपके से, उनसे छिपाकर, उनकी चिट्ठियाँ खोली जातीं
उनकी चिट्ठियों में उनके सारे झूठ पकड़ में आते–
हम बहुत सुखी हैं। इस बार तीज में खूब लड्डू बनाये गये।
छुट्टियों में नैनीताल गये थे। गुड्डू अपनी क्लास में फर्स्ट आया है।
भइया के लिए उसके जीजा जी ने सूट का कपड़ा ख़रीदा है...

शादियों में वे खूब हँसती थीं, खूब खाती थीं।
गहने और असंख्य रंगों के कपड़े पहनकर एक-दूसरे को जलाती थीं
लेकिन अँधेरे में आईने के सामने उनकी नाक से खून बहता था

वर्षों तक, उन्हीं के खून और उन्हीं के रज से उनको नहलाते हुए
जब किसी एक दिन उन्हें मिट्टी के तेल या पेट्रोल में
भिगोया गया और एक तीली उन्हें दिखायी गयी

या जिस तकिये में उन्होंने 'गुडनाइट' या 'नमस्ते' और अज्ञात फूल
काढ़ रखे थे
वही तकिया
उनकी नाक में देर तक दबाया गया

और वे हवा से सिर्फ एक साँस पाने के लिए उसी तरह तड़पीं
जैसे संभोग के दौरान किसी सांत्वना भरे स्पर्श के लिए तड़पती थीं
जैसे मछलियाँ बुलबुलों के भीतर की हवा के लिए तड़पती हैं

या जब वे चौथी मंजिल से नीचे कूद गयीं
या जब एक दिन घर भर में चूड़ियों के टुकड़े, खून और अपने बाल
बिखेर कर वे कहीं अकेली भाग गयीं
और बिना पूछे कहीं भी जाने वाली रेलगाड़ी में बैठ गयीं

या जब बिना किसी को कुछ बताये
उन्होंने खुद ही चुपचाप सल्फास खा लिया
वे मदर टेरेसा और मेधा पाटकर को नहीं जानती थीं
अंग्रेजी बोलने वाली सम्पन्न औरतें जो उन्हें उनके अधिकारों के बारे में
सचेत करती थीं
उन्हें वे मेमें मानती थीं, सिगरेट पीने वाली, पति बदलने वाली
उन पर वे ताज्जुब से हँसती थीं और उन्हें कोसती थीं

वे तो बहुत पुरानी लड़की के किवाड़ों में लगी कुंडियाँ थीं,
रोज-रोज अमचूर, नीबू और राख से चमकाई जाने वाली
पीतल की कड़ाहियाँ थीं।
वे तो पिता द्वारा वहाँ गमले में रोप दी गयीं तुलसी का पौधा थीं...
वे किसी जर्जर नाव की सड़ी-गली कमज़ोर पतवारें थीं

जिन्हें कोई स्वार्थी और क्रूर मल्लाह
समुद्र में पीटता था...

यह तथ्य पंचनामे में पुलिस दर्ज़ नहीं करती
लेकिन हर कोई इसे देख सकता है
कि ठीक मृत्यु के बाद
एक बहुत सघन
एक बहुत स्वतंत्र-सी हँसी उनके होठों पर आती है

उनके शव के इर्द-गिर्द और उनके शरीर पर पायी गयी
चीज़ों और चोटों की सूची में इस हँसी का
ब्यौरा अक्सर छूट जाता है
शायद उन सभी के जीवन में
उनके गोपनीय अतीत में
कभी न कभी ओस की कोई बूँद एकाध बार गिरती ज़रूर है
जिसकी स्मृति में
वे अपने जीवन भर हरी होती रहती हैं
पहले सबसे छुप कर
और मृत्यु के समय
निर्लज्ज सबके सामने!

औरतें

वह औरत पर्स से खुदरा नोट निकाल कर कंडक्टर से अपने घर
जाने का टिकट ले रही है
उसके साथ अभी ज़रा देर पहले बलात्कार हुआ है
उसी बस में एक दूसरी औरत अपनी जैसी ही लाचार उम्र की दो-तीन
    औरतों के साथ
प्रोमोशन और महँगाई भत्ते के बारे में बातें कर रही है
उसके दफ्तर में आज उसके अधिकारी ने फिर मीमो भेजा है

वह औरत जो सुहागन बने रहने के लिए रखे हुए है करवा चौथ का
    निर्जल व्रत
वह पति या सास के हाथों मार दिये जाने से डरी हुई सोती-सोती
    अचानक चिल्लाती है
एक औरत बालकनी में आधी रात खड़ी हुई इन्तज़ार करती है
अपनी जैसी ही असुरक्षित और बेबस किसी दूसरी औरत के घर से
    लौटने वाले अपने शराबी पति का

सन्देह, असुरक्षा और डर से घिरी एक औरत अपने पिटने से पहले
बहुत महीन आवाज़ में पूछती है पति से

—कहाँ खर्च हो गये आपके पर्स में से तनख्वाह के आधे से
ज्यादा रुपये?

एक औरत अपने बच्चे को नहलाते हुए यों ही रोने लगती है
फूट-फूटकर
और चूमती है उसे पागल जैसी बार-बार
उसके भविष्य में अपने लिए कोई गुफा या कोई शरण खोजती हुई

एक औरत के हाथ जल गये हैं तवे में
एक के ऊपर तेल गिर गया है कड़ाही का खौलता हुआ
अस्पताल में हज़ार प्रतिशत जली हुई औरत का कोयला दर्ज कराता है
अपना मृत्यु-पूर्व बयान कि उसे नहीं जलाया किसी ने
उसके अलावा बाकी हर कोई है निर्दोष
गलती से उसके ही हाथों फूट गयी किस्मत और फट गया स्टोव्ह

एक औरत नाक से बहता खून पोंछती हुई बोलती है
कसम खाती हूँ, मेरे अतीत में कहीं नहीं था प्यार
वहाँ था एक पवित्र, शताब्दियों लम्बा, आग जैसा धधकता सन्नाटा
जिसमें सिंक रही थी सिर्फ आपकी ख़ातिर मेरी देह

एक औरत का चेहरा संगमरमर जैसा सफ़ेद है
उसने किसी से कह डाला है अपना दुख या उससे खो गया है कोई
ज़ेवर
एक सीलिंग की कड़ी में बाँध रही है अपना दुपट्टा
उसके प्रेमी ने सार्वजनिक कर दिये हैं उसके फोटो और पत्र

एक औरत फोन पकड़ कर रोती है

एक अपने आप से बोलती है और किसी हिस्टीरिया में बाहर सड़क पर निकल जाती है
बिना बाल काढ़े बिना किन्हीं कपड़ों के
कुछ औरतें बस अड्डे या प्लेटफार्म पर खड़ी हैं यह पूछती हुईं
कि उन्हें किस गाड़ी में बैठना है और कहाँ जाना है इस संसार में

एक औरत हार कर कहती है—तुम जो जी आये, कर लो मेरे साथ
बस मुझे किसी तरह जी लेने दो
एक पायी गयी है मरी हुई बिल्कुल तड़के शहर के किसी पार्क में
और उसके शव के पास बैठा रो रहा है उसका डेढ़ साल का बेटा
उसके झोले में मिलती है दूध की खाली बोतल, प्लास्टिक का छोटा-सा गिलास
और एक लाल-हरी गेंद जिसे हिलाने से आज भी आती है घुनघुने जैसी आवाज़

एक औरत जो तेजाब से जल गयी है खुश है कि बच गयी है उसकी दायीं आँख
एक औरत तन्दूर में जलती हुई अपनी उँगलियाँ धीरे से हिलाती है
जानने के लिए कि बाहर कितना अँधेरा है

एक पोंचा लगा रही है
एक बर्तन माँज रही है
एक कपड़े पछींट रही है
एक बच्चे को बोरे पर सुलाकर सड़क पर रोड़े बिछा रही है
एक फर्श धो रही है और देख रही है राष्ट्रीय चैनल पर फैशन परेड
एक पढ़ रही है न्यूज़ कि संसद में बढ़ायी जाएगी उनकी तादाद

एक औरत का कलेजा जो छिटक कर बोरे से बाहर गिर गया है
कहता है—मुझे फेंक कर किसी नाले में जल्दी लौट आना,
बच्चों को स्कूल जाने के लिए जगाना है
नाश्ता उन्हें ज़रूर दे देना, आटा मैं गूँध आयी थी

राजधानी के पुलिस थाने के गेट पर एक-दूसरे को छूती हुईं
ज़मीन पर बैठी हैं दो औरतें बिल्कुल चुपचाप
लेकिन समूचे ब्रह्माण्ड में गूँजता है उनका हाहाकार

हज़ारों-लाखों छूपती हैं गर्भ के अँधेरे में
इस दुनिया में जन्म लेने से इनकार करती हुईं
वहाँ भी खोज लेती हैं उन्हें भेदिया ध्वनि तरंगें
वहाँ भी, भ्रूण में उतरती है हत्यारी कटार।

हत्या

उसने खुद ही छलाँग लगायी थी दसवीं मंजिल से
और यहाँ चला आया था, संसार में, रहने।

मत जाओ, पत्नी ने मना किया था, चोट लग जायेगी
अस्पताल के लिए रुपये भी कहाँ हैं
तुम्हारे वश में नहीं है यह सब

महान् अभिनेता ने कहा था—तुम कैसे क्या करोगे वहाँ
ले देकर एक ही मुद्रा तो आती है तुम्हें, अभिनय के नाम पर।

मसखरों ने कहा था मत जाओ, मत जाओ संसार में
यहाँ हम तुम्हें घेर लेंगे
खेल ऐसा है कि इसमें शामिल हुए तो पूरा खेलना पड़ता है
लौट लो, वक्त है अभी

वह ज़िद में था, बच्चों की तरह जबर्दस्ती रहना चाहता था
कहता था—बस हँसते रहो, हंसते रहो
कि हँसता हुआ आदमी रह सकता है

किसी भी नक्षत्र-लोक में एक नागरिक की तरह

इसके बाद जो हुआ, वह उप-संहार है
विद्वान् ही जानें कि उसकी मृत्यु से लोकतंत्र मज़बूत हुआ
या कमज़ोर
लेकिन हत्यारो, कान खोलकर सुनो,
पानी पीते हुए, हँसते हुए और किसी ज़िद में
जबरन कहीं बसते हुए आदमी को मारना
निषिद्ध है...
सभ्यता जब उल्लंघन करती है निषिद्ध का
तो काल का घड़ा भर जाता है
और दसवीं मंजिल से कूद कर संसार में रहने आये
आदमी के स्वप्न की तरह
ताकतवर से ताकतवर यथार्थ टूट जाता है।

तानाशाह की खोज

वह अभी तक सोचता है
कि तानाशाह बिलकुल वैसा ही या
फिर उससे मिलता-जुलता ही होगा

यानी मूँछ तितली-कट, नाक के नीचे
बिल्ले-तमग़े और
भीड़ को सम्मोहित करने की वाक्पटुता

जबकि अब होगा यह
कि वह पहले जैसा तो होगा नहीं
अगर उसने दुबारा पुरानी शक्ल और पुराने कपड़ों में
आने की कोशिश की तो
वह मसख़रा ही साबित होगा

भरी हो उसके हृदय में कितनी ही घृणा,
दिमाग़ में कितने ही ख़तरनाक इरादे

कोई भी तानाशाह ऐसा तो होता नहीं

कि वह तुरत पहचान लिया जाए
कि लोग फ़ज़ीहत कर डालें उसकी
चिढ़ाएँ, छुछुआएँ
यहाँ तक कि मौक़े-बे-मौक़े बच्चे तक पीट डालें

अब तो वह आयेगा तो उसे पहचानना भी मुश्किल होगा
हो सकता है, वह कहता हुआ आये कि मैं इस
शताब्दी का सबसे ज़्यादा छला गया व्यक्ति हूँ
और वह विनोबा भावे और सन्त तुकाराम के बारे में
बात करे या सफ़ेद-सफ़ेद कपड़े पहनकर
सफ़ेद-सफ़ेद कबूतर उड़ाये या निश्शस्त्रीकरण
की बात करे
उसका चेहरा सफ़ाचट हो, चेहरे में झुर्रियाँ हों
और वह सेना और पुलिस के होने के ही ख़िलाफ़ हो

वह भाषणों में करता हो चिड़ियों
और बच्चों से बेतहाशा प्यार
कहीं उसने बनवा दिया हो अस्पताल,
कहीं खोल दी हो प्याऊ, कहीं कोई
धर्मशाला,
कोई नृत्य केन्द्र,
कोई पुस्तकालय

सम्भव है
हमारे बीच के लोग हमसे बहस करें
और कहें
कि यह है प्रमाण उसकी संवेदनशीलता का

और यह भी बिल्कुल सम्भव है
कि उस वक़्त उसको शान्ति का नोबेल पुरस्कार
दिया जा चुका हो या उसका नाम
उस सूची में सबसे ऊपर हो।

राज्यसत्ता

राज्यसत्ता
तिहाड़ की दीवाल है
भागलपुर की तेज़ाब है
अन्तुले की नैतिकता और
जगन भाई का लोकतन्त्र है।

राज्यसत्ता
अभिव्यक्ति की स्वतन्त्रता का
क़ानून है
और जो इस क़ानून की ज़द में है
उसे बोलने नहीं देती राज्यसत्ता।

राज्यसत्ता
'प्रजातन्त्र' का प्रजापति है
और 'प्रजा' अगर 'तन्त्र' से
टकराती है कभी
तो तन्त्र की हिफ़ाज़त में तैनात
बन्दूक की नाल से

बोलती है राज्यसत्ता–
कि सुनो मेरी प्यारी-प्यारी प्रजा
तुम्हें तन्त्र के भीतर ही
प्रजा होने का हक़ है
पुलिस और फ़ौज
सचिवालय और न्यायालय
कर्फ़्यू और गोली
प्रजा और तन्त्र के सम्बन्धों की
संवैधानिक व्याख्याएँ हैं।

राज्यसत्ता कहती है–
कविता को नहीं होना चाहिए
राज्यसत्ता के बारे में
क़ानून के बारे में नहीं होनी चाहिए
कोई कविता
तन्त्र के बारे में
कविता को नहीं होना चाहिए
कविता को होना चाहिए
सिर्फ़ चाहिए जैसी कविता
के बारे में।

राज्यसत्ता
अस्सी प्रतिशत लोगों की आँख में
बूट और बारूद की सत्ता है,
पाँच प्रतिशत लोगों के हाथ में
मनमाना राज्य
और बाक़ी हम जैसों के दिमाग़ में

राज्यसत्ता।

और तमाम किताबों
और संविधानों और भाषणों के बाद
अन्ततः राज्यसत्ता
सीसे की ढली हुई
दो औंस की गोली है।

इस वक़्त दिन में
जब ठीक बारह बजकर
ठीक दो मिनट हुए हैं
तब क्या यह बिखरी-बिखरी-सी कविता
राज्यसत्ता से पूछ सकती है

कि ठीक इस वक्त
राज्यसत्ता
दो औंस के सीसे में ढलकर
किस शहर के
किस जुलूस के
किस मनुष्य के सीने के
गरम-गरम ज़िन्दा रक्त में
मृत्यु बनकर
प्रवेश कर रही है?

सुअर
(सुअर के बारे में कुछ कविताएँ)

एक

एक दिन सुअर ने कहा
हम ख़ुश रहेंगे

वह सारे दिन
हँसता रहा।

एक दिन सुअर ने कहा—
हम उत्पादन बढ़ाएँगे

वह मोटा होता
चला गया।

एक दिन सुअर बोला—
बाक़ी तो ठीक है
बस हमें मेहनत करनी चाहिए

उस दिन सुअर
दिन भर सोता रहा

एक दिन सुअर
सुबह से कुछ घबड़ाया हुआ था
वह कुछ बोल नहीं सका
उसके मोहल्ले में
सफाई महकमे के कर्मचारियों ने
हड़ताल कर रखी थी
उन्हें पगार नहीं मिली थी
बाज़ार में राशन नहीं था
सब्ज़ी गायब थी
फिर भी उन्होंने जाने क्यों
एक बड़े से चूल्हे पर
एक बड़ी सी कड़ाही चढ़ा रखी थी।

सुअर कड़ाही से
डर गया था।

दो

एक ऊँची इमारत से
बिल्कुल तड़के
एक तन्दुरुस्त सुअर निकला
और मगरमच्छ जैसी कार में
बैठ कर

शहर की ओर चला गया

शहर में जलसा था
फ्लैश चमके
जै-जै हुई
कॉफी-बिस्कुट बँटे
मालाएँ उछलीं

अगली सुबह
सुअर अख़बार में
मुस्करा रहा था
उसने कहा था
हम विकास कर रहे हैं।

उसी रात शहर से
चीनी और मिट्टी का तेल
गायब थे।

तीन

एक दिन सुअर को
ख़ूब ज़ोरों का जुकाम हुआ।

नाक बहने लगी
गले में घर्राहट
और खाँसी के झटके।

नाक जब ज़्यादा बहे
तो उसे पोंछना तो ज़रूरी है।

नाक जब ज़्यादा बहने लगी
तो सुअर ने
मेमने को बुलाया।

सुअर ने कहा–
'मेमने, अपने नर्म-गर्म
रोओं से कती
ऊनी रूमाल मुझे दे
जो खूब साफ़-सफ़ेद हो।'

मेमना तीन दिन पहले ही तो
मूड़ा गया था
उसके रोओं से कती जाकिट
सुअर ने पहन रखी थी
फिर मेमना इतनी ज़ल्द
अपनी पीठ पर
और रोयें कैसे उगाता?

तो मेमना कुछ देर सोचने लगा
कुछ देर सोचने लगा
इसलिए कुछ देर
चुप हो गया

तब तक सुअर की नाक
फिर बहने लगी
सुअर ने मेमने को मारा
उसकी खाल से नाक पोंछी

फिर एक टुकड़ा
दर्ज़ी को दिया
और अपने सिर के लिए
नर्म-गर्म
साफ़-सफ़ेद
टोपी सिलाई।

चार

सुअर ने कहा—
हिरनों ने शिकायत की है
कि जंगल में
घास की कमी है।

हिरनों की तादाद
ज़्यादा है
और घास की तादाद
कम है।

सुअर ने कहा—
हिरन जिस तादाद में

पैदा होते हैं
घास उस तादाद में
पैदा नहीं होती

ये कौन-सा तरीका है
कि हिरन
सुअरों की तरह बच्चे जनें
फिर घास की शिकायत करें

सुअर ने कहा—
चूँकि हिरनों ने
शिकायत की ही है
इसलिए अब
हिरन और घास का
अनुपात तय करना ही होगा।

हिरन कम होंगे
तो एक हिरन के हिस्से में
दिन भर ज़्यादा घास आएगी।

पाँच

दुनिया के हर बड़े शहर में
सुअर की इमारतें थीं
वह एक विशाल यन्त्र-पक्षी पर बैठ कर
उन शहरों को जाता था

दुनिया में जितने मुल्क थे
उससे कहीं अधिक बड़े शहर थे
उससे भी कहीं अधिक सुअर की इमारतें थीं।

हर शहर की
हर इमारत में
सुअर की बीवियाँ थीं

इस तरह दुनिया में
जितने मुल्क थे
उससे ज़्यादा शहर थे
उससे ज़्यादा सुअर की इमारतें थीं
और उससे भी कहीं ज़्यादा
सुअर की बीवियाँ थीं

एक दिन सुअर को
हर मुल्क के हर शहर की
हर इमारत में रहने-बसने वाली
बीवी की तरफ़ से भेजे गये
एक साथ
कई टेलिग्राम मिले

सभी में सुअर के
बाप बनने की ख़बर थी

सुअर विशाल यन्त्र-पक्षी पर

बैठ कर
हर शहर की हर इमारत में गया
इसके कुछ दिनों बाद
सुअर ने गोल मेज सम्मेलन बुलाया
जिसमें सुअर की
सारी बीवियाँ शामिल हुईं

सुअर गुस्से में था
उसने गुर्राते हुए कहा—
'मेरे किसी भी बच्चे का रंग
मेरे जैसा स्याह क्यों नहीं है
उनकी खाल मेरी जैसी
खुरदुरी, कठोर और ठूँठदार क्यों नहीं है
मेरे जैसे तीखे, मज़बूत, नुकीले
खीस कहाँ हैं
उनकी आँखें खरगोश की तरह
फूहड़ और डरपोक क्यों
दिखाई देती हैं?

मेरी बीवियाँ बताएँ
क्या ये मेरे ही बच्चे हैं?

बीवियों ने उसे समझाया—
'सुनो हमारे आका,
किसी भी सुअर के बच्चे
शुरू में
सुअर नहीं होते

वे खरगोश और मेमने से भी ज़्यादा
मुलायम, नर्म और
गये-गुजरे होते हैं

वो तो हम हैं
जो उन्हें पढ़ाते-सिखाते हैं
नसीहतें देते हैं
वैसा माहौल बनाते हैं

इस तरह
धीरे-धीरे हर रोज़
उन्हें सुअर बनाते जाते हैं।

छह

सुअर ने दूर जंगल में
नीले झरने के पास
एक खूबसूरत चिड़िया को
बाँसुरी बजाते सुना था

उसने सुन रखा था
कि हिरनों का जोड़ा
जब एकान्त में होता है
तो तानपूरे के तार छेड़ता है

एक दिन सुअर ने कहा—
संगीत और कला के बिना
कोई भी सुअर
पूँछ विहीन है
कला में सुअर को दक्ष होना चाहिए

सो सुअर ने
बाँसुरी मँगायी और
तानपूरा मँगाया

उसने महफिल जुटायी
और तानपूरे के तारों पर
खीस और खुर
घिसने लगा

तानपूरे के कई तार टूटे
कई ढीले पड़े

फिर सुअर ने
बाँसुरी में फूँक मारी
बाँसुरी और तानपूरे पर
जितने भी सुर पैदा हुए
उन्हें सुनकर
सारे दूसरे सुअर
मगन हो मूँड़ हिलाने लगे

सुअर ने कहा—

तो इस तरह कला के इतिहास में
सुअर-संगीत पैदा हुआ

एक दिन सुअर उदास था
उसने कहा—
क्यों है ऐसा कि
सुअर-संगीत जब बजता है तो
सिर्फ़ सुअर सिर हिलाते हैं
सिर्फ़ सुअर गुनगुनाते हैं
सिर्फ़ सुअर मुस्कुराते हैं
सुअर-संगीत तो
कालातीत और वर्गातीत है
यह ईश्वर है
और हर कुलीन संस्कार में
व्यापता है
जब तक दूसरे
जल-चर, थल-चर इसे नहीं अपनाते
तब तक सुअर संगीत का
साम्राज्य खण्डित ही रहेगा

सुअर-संगीत
कला का चक्रवर्ती सम्राट है

मरना

आदमी
मरने के बाद
कुछ नहीं सोचता।

आदमी
मरने के बाद
कुछ नहीं बोलता।

कुछ नहीं सोचने
और कुछ नहीं बोलने पर
आदमी
मर जाता है।

मालिक, आप नाहक नाराज़ हैं

मालिक, आख़िर हवा तो आपके कहने से नहीं चलती
धूप का क्या करेंगे आप जो गिरेगी ही
आपकी बरौनियों में
आपके ऊपर चढ़कर फुदकेंगी ही
रोशनी की नटखट, चौकन्नी गिलहरियाँ

रंगों पर तो बस नहीं है आपका
आप जब भी निहारेंगे
वे खिलखिलाएँगे आपके ख़ून में
छुपा-छुपी खेलने लगेंगे
घुस कर

इन सबको मना तो नहीं
कर सकते आप

मैं ठीक कह रहा हूँ मालिक,
आप नाहक नाराज़ हैं
भूल जाइए बिल्कुल उन चीज़ों को

जिन पर हुक़्म नहीं चलता आपका
आखिर हवा किसनिया कहारिन तो है नहीं मालिक,
जो कराहती हुई
चौका-बासन करे आपका
बाल्टी भर-भर पानी
छत तक चढ़ाये
दो घण्टे छोटे बाबू को बहलाये
और फिर आपका
बिछौना बिछाये

आख़िर धूप सुरजा तो है नहीं मालिक
जिसकी कमीज़ आप गुस्से में फाड़ दें और
जिसकी काली पीठ पर
अपनी चिलमची के गुल झाड़ दें

धूप सूरजा नहीं है मालिक
जिसे आप अपनी बैठक में उकड़ूँ बैठा कर
गरियाते रहें
और पीटते रहें

और रंग
रंग आपके चाकर नहीं हैं सरकार
जो आपका लिहाज़ करें
हुक्का भर लायें, सलाम बजायें
आपकी ड्योढ़ी दारी करें

आपके बनिहारों के बच्चे नहीं हैं ये

भोले-भाले रंग
जो आपको देख कर
अपने-अपने ओसारों में छुप जाएँ
इन सब पर नाहक ही बिगड़ कर
अपना खून जला रहे हैं आप
बे-बात की बात बड़बड़ा रहे हैं आप

आख़िर जेठ की धूप में
आँच तो रहेगी ही मालिक
आख़िर हवा में धूल-धक्कड़
तिनका-पत्ता तो होगा ही
आपके सामने
किसनिया की तरह खड़ी तो नहीं रहेगी हवा
सिर झुकाये...अदब से
चुप चाप

मालिक, यह धूप है
जेठ की असल
जैसे-जैसे सूरज चढ़ेगा और धरती घूमेगी
यह और तपतपाएगी
गर्म लाल लोहे की तरह
और मोम की तरह चुएँगे आप

कुलबुलाएँगे
बिलबिलाएँगे आप
कितना ही अंगोछा लगा लें सरकार

और हवा,
इसके मन की बात तो मत पूछिए मालिक
जितना ही आप गुस्साएँगे
उतना ही सिर पर दौड़ेगी कंधी-पाटी मेटती हुई
आपकी कोई बात अगर इसके कलेजे लगी
तो मत पूछिए फिर सरकार
हवा बिगड़ उठती है तो कहर ढाती है
कंगूरे, गुम्बद, क़िले सब बिखेर डालती है
जहाज़ों को गेंद की तरह उछालती है
नदियों को फुहार बना देती है
तिनगी को बड़वागिन

आप तो फिर क्या हैं मालिक!
फूस की तरह उड़ेंगे अन्धड़ में
पटकनी खाएँगे खपरैलों में
बे पर्द अलग हो जाएँगे

और नीचे धरती पर
इत्ते सारे—इत्ते सारे रंग
सब के सब
आपका मज़ाक बनाएँगे।

तिब्बत

तिब्बत से आये हुए
लामा घूमते रहते हैं
आजकल मन्त्र बुदबुदाते

उनके खच्चरों के झुण्ड
बगीचों में उतरते हैं
गेंदे के पौधों को नहीं चरते

गेंदे के एक फूल में
कितने फूल होते हैं
पापा?

तिब्बत में बरसात
जब होती है
तब हम किस मौसम में
होते हैं?

तिब्बत में जब तीन बजते हैं

तब हम किस समय में
होते हैं?

तिब्बत में
गेंदे के फूल होते हैं
क्या पापा?

लामा शंख बजाते हैं, पापा?

पापा,
लामाओं को
कम्बल ओढ़ कर
अँधेरे में
तेज़-तेज़ चलते हुए देखा है
कभी?

जब लोग मर जाते हैं
तब उनकी कब्रों के चारों ओर
सिर झुका कर
खड़े हो जाते हैं लामा

वे मन्त्र नहीं पढ़ते।

वे फुसफुसाते हैं—तिब्बत
तिब्बत-तिब्बत
तिब्बत-तिब्बत
तिब्बत-तिब्बत

और रोते रहते हैं
रात-रात भर।

क्या लामा
हमारी तरह ही
रोते हैं, पापा?

इमारत

कारीगर नहीं है
लेकिन इमारत में
कारीगर का चेहरा पसीने में
लथपथ है

कारीगर का चेहरा पसीने में
लथपथ है इसलिए
इमारत की दीवालें सीलन से
भर गयी हैं

कारीगर के शरीर में
जगह-जगह जख्म पक रहे हैं
इसलिए इमारत की दीवालों में
दरारें पड़ गयी हैं
और नींव को दीमक चाट रहे हैं

कारीगर बूढ़ा हो गया है
उसके बाल झड़ रहे हैं

इसलिए इमारत के प्लास्टर
उखड़ रहे हैं

बहुत बूढ़ा हो चला है कारीगर
बहुत पुरानी हुई इमारत

एक दिन इमारत का मालिक
इंजीनियर के साथ
इमारत के मुआयने पर आता है

इंजीनियर इमारत की जाँच
करता है—

'कहाँ है
कहाँ है—कहाँ है
कारीगर—कारीगर को बुलाओ
इमारत तो हिल रही है
ज़ोर-ज़ोर से'
इंजीनियर कहता है

नहीं जानता इंजीनियर
या जानता है
कि इमारत हिल रही है
ज़ोर-ज़ोर से
क्योंकि तीन सौ मील दूर
गाँव में अपनी झिलंगी खटिया पर
पड़ा हुआ कारीगर
खाँस रहा है ज़ोर-ज़ोर से।

अजगर की नींद

सबसे पहले दिन फिरेंगे
घूरे के
फिर मेरे फिरेंगे।

दिन इसके बाद
सोने चले जायेंगे।

अजगर की तरह
सोते हैं दिन
सूँसाट अँधेरी जगहों में
किसी बांबी या खोह में छुपकर
झाग और भाप जैसी
साँस छोड़ते हैं।

रात में कभी
ढूँढ़ो घास की पत्तियों के नीचे
तो झींगुर होकर
फुदक लेते हैं

कि पकड़ना भी मुश्किल।

कभी-कभी
दिन झरते रहते हैं
बर्फ़ की तरह हमारी पलकों पर।
इतने हलके होकर
हवा में मिल जाते हैं
कि पता भी नहीं चलता
कि इस हवा में दिन भी हैं।

इतने हलके
कि सोचने लगो
तो सोचने तक में नहीं आते।

लेकिन दिन
फिरते ज़रूर हैं,
जैसे मेरे फिरेंगे
एक दिन।

घूरे के बाद।

फिर सोने चले जायेंगे।

और, दिन जब
सोने लगेंगे
तो फिरने से रहे।

तुम बैठे रहोगे
घुटनों में
कनपटी दबाये।

मैं घास की पत्तियों के नीचे
छिपे झींगुरों को
दौड़ाता रहूँगा।

दो हाथियों की लड़ाई

एक

दो हाथियों का
लड़ना
सिर्फ़ दो हाथियों के समुदाय से
सम्बन्ध नहीं रखता।

दो हाथियों की लड़ाई में
सबसे ज़्यादा कुचली जाती है
घास, जिसका
हाथियों के समूचे कुनबे से
कुछ भी लेना-देना नहीं।

जंगल से भूखी लौट जाती है
गाय
और भूखा सो जाता है
घर में बच्चा

दो हाथियों के
चार दाँतों और आठ पैरों द्वारा
सबसे ज़्यादा घायल होती है
बच्चे की नींद,
सबसे अधिक असुरक्षित होता है
हमारा भविष्य।
दो हाथियों की लड़ाई में
सबसे ज़्यादा
टूटते हैं पेड़

सबसे ज़्यादा मरती हैं
चिड़ियाँ,
जिनका हाथियों के पूरे कबीले से कुछ भी
लेना-देना नहीं

दो हाथियों की
लड़ाई को
हाथियों से ज़्यादा
सहता है जंगल।

और इस लड़ाई में
जितने घाव बनते हैं
हाथियों के उन्मत्त शरीरों पर
उससे कहीं ज़्यादा
गहरे घाव
बनते हैं जंगल और समय
की छाती पर।

जैसे भी हो
दो हाथियों को
लड़ने से रोकना चाहिए।

दो

विद्वत्ता
स्नान करने गयी,
उसने धर्मग्रन्थ देखा।

नहा-धोकर
वह पूजा करने पटरे पर
बैठी।
फिर उसने
माथे पर
रोली लगायी, घंटी हिलायी
तुलसी की पत्तियाँ चबायीं।

और तब
विद्वत्ता बोली–
अध्यात्म ही उपचार है,
धर्म ही विकल्प है।
लोग प्रेम से रहें
तो शान्ति स्थापित होगी।

संसार के
सबसे बड़े बनिये ने
विद्वत्ता के पैरों पर
माथा टेका।

संसार के सबसे क्रूर तानाशाह ने
रुद्राक्ष धारण किया।
विद्वत्ता
इसी तरह
सम्मानित रही आयी।

तीन

मैंने
अन्त में कहा—

विश्वयुद्ध के विरोध का मतलब
समूची विचारधारा का
विरोध नहीं
निर्मल जी!

यह तय है
कि एक सही राजनीति और सही विचारधारा ही
कभी न कभी इसे रोक पायेगी!

महाजनो येन गतः

इसी पथ से गये हैं महाजन
यही पथ है

पत्तियाँ
अभी तक हिल रही हैं
अँधेरा अभी तक काँप रहा है

यह है उनकी अशर्फ़ी
ये हैं ख़ून के दाग़
ये रहे चिड़िया के डैने
यह है उनका निशान

महाजन जिस पथ से जाते हैं
अपने निशान छोड़ जाते हैं।

चिड़ियाँ अभी तक चीख़ रही हैं
सो नहीं रहे हैं बच्चे
छर्रे अभी तक हवा में हैं।

ये हैं चूड़ियों के टुकड़े
ये रहे कुछ फूटे हुए अंडे
यह है अख़बार का एक पन्ना।

उसी तरफ़
जहाँ संगीत है
उसी तरफ़
जहाँ शब्द माँजे जाते हैं
जहाँ मन्त्रों की तरह पढ़ी जाती हैं कविताएँ
जहाँ गढ़ी जाती हैं अमानुषिक कलाएँ

उसी तरफ़
जहाँ क़ानून है।

यही है पथ
जिधर से महाजन गये हैं
यही है पथ
इसी पथ से आओ

पीछा करें उनका।

मैं लौट जाऊँगा

क्वार में जैसे बादल लौट जाते हैं
धूप जैसे लौट जाती है आषाढ़ में
ओस लौट जाती है जिस तरह अंतरिक्ष में चुपचाप

अँधेरा लौट जाता है किसी अज्ञातवास में अपने दुखते हुए शरीर को
कम्बल में छुपाये
थोड़े-से सुख और चुटकी-भर सान्त्वना के लोभ में सबसे छुपकर आयी हुई
व्यभिचारिणी जैसे लौट जाती है वापस अपनी गुफा में भयभीत

पेड़ लौट जाते हैं बीज में वापस
अपने भाड़े-बरतन, हथियारों, उपकरणों और कंकालों के साथ
तमाम विकसित सभ्यताएँ
जिस तरह लौट जाती हैं धरती के गर्भ में हर बार

इतिहास जिस तरह विलीन हो जाता है किसी समुदाय की मिथक
गाथा में
विज्ञान किसी ओझा के टोने में

तमाम औषधियाँ आदमी के असंख्य रोगों से हार कर अन्त में जैसे
लौट जाती हैं
किसी आदिम स्पर्श या किसी मंत्र में

मैं लौट जाऊँगा जैसे समस्त महाकाव्य, समूचा संगीत, सभी भाषाएँ और
सारी कविताएँ लौट जाती हैं एक दिन ब्रह्माण्ड में वापस

मृत्यु जैसे जाती है जीवन की गठरी एक दिन सिर पर उठाये उदास
जैसे रक्त लौट जाता है पता नहीं कहाँ अपने बाद शिराओं में छोड़ कर
निर्जीव-निष्पंद जल

जैसे एक बहुत लम्बी सजा काट कर लौटता है कोई निरपराध कैदी
कोई आदमी
अस्पताल में
बहुत लम्बी बेहोशी के बाद
एक बार आँखें खोल कर लौट जाता है
अपने अन्धकार में जिस तरह।

कौए, और लेखक का दिल्ली में देहान्त

उन्हें पंजाबी बाग ले जाया गया है, आप सीधे वहीं पहुँचें
मुझे फोन पर बताया गया
रिंग रोड वाली कोई भी बस ले लें, राजा गार्डन के बाद वाले स्टॉप पर उतर जायें
वहीं सब इकट्ठा हो रहे हैं
आकाशवाणी में कपूर साहब को बोल दिया था उन्होंने आश्वासन दिया है
दोपहर की न्यूज़ में आ जायेगा त्रिपाठी जी कोशिश कर रहे हैं कल हिन्दी के अखबारों में भी आ जायेगा
आप भी दस्तख़त कर दें शोक संवेदना प्रस्ताव पर
अकादमी तो कुछ करेगी नहीं आप जानते ही हैं चौधरी साहब उन्हें सख़्त नापसन्द करते थे

राजा गार्डन के बाद वाले स्टॉप पर दुकानें, ठेले और रेहड़ियाँ ही दिखीं
बसें और कारें आ जा रही थीं
फल बहुत बिक रहे थे हालाँकि धूल उन पर बहुत थी

मैं कहाँ जाऊँ यहाँ तो कोई एकत्र नहीं है

जो एक साथ दिख भी रहे हैं वे अजनबी हैं एक-दूसरे से
और सब अलग-अलग जगहों को जायेंगे
उनमें कोई शोक भी नहीं दिख रहा किसी निधन का
निगम बोध होता तो आसानी से पहुँचा जा सकता था
पता नहीं किसने सुझाव दिया उन्हें पंजाबी बाग ले जाने का
हो सकता है सुविधाजनक रहा हो पंजाबी बाग
उनके किराये के मकान से नज़दीक पड़ा होगा

कहा जाता है निगम बोध में बहुत मारा-मारी है
भ्रष्टाचार तो है ही
लकड़ी कम तौलते हैं, वजन बढ़ाने के लिए गीली कर देते हैं

कौन कितना जला इससे उन्हें क्या? किसकी अस्थियाँ किसके साथ
 मिल जायँ कौन जाने?
शवों के साथ लाये गये नारियल तक बेचते हैं हर लाल-बत्ती पर
ठीक है कि पंजाबी बाग में यमुना नहीं है लेकिन दिल्ली में अब
 यमुना भी कहाँ संस्कार के लायक रह गयी है
गनीमत है यहाँ कि कम से कम कुछ पेड़ तो हैं और कौवे भी दिखाई
 देते हैं कहीं-कहीं बोलते हुए

बहुत देर बाद एक थके और पस्तहाल सज्जन जैसे कोई दिखे
रास्ता पूछ रहे थे, परिचय हुआ
राजा गार्डेन से पंजाबी बाग तक का साथ दिल्ली में बहुत बड़ा साथ है
जैसे एक पूरी उम्र गुज़रती है किसी के साथ
लगा उनको इतना जानने लगा हूँ जितना उनको भी नहीं जानता
जिनका आज सुबह हुआ है निधन

हमने बहुत बातें कीं उस दिन, दमे के बारे में, अपनी सन्तानों,
प्रदूषण, महँगाई, अपराध और दिक्कतों के बारे में
और कौवों के भी बारे में जो अब ख़त्म होते जा रहे हैं लगातार
मद्रास में अभी भी काफी हैं उन्होंने बताया
पिछले साल मैं गया था, सच पूछिए तो मैं वहाँ
समुद्र नहीं, कौवों को ही देखता रहा

मैंने भी निश्चय किया है कि अगर संयोग रहा और भाग्य ने साथ
दिया तो मैं भी मद्रास जाऊँगा
लेकिन आप तो जानते ही हैं कि हिन्दी का स्वतंत्र लेखक
अपने वास्तविक पारिश्रमिक के दम पर मद्रास तो क्या
दिल्ली से आगरा भी नहीं जा सकता

लेकिन मैंने निश्चय किया है कि मैं कौवों के लिए अकादमी और
संस्कृति सचिव और
मानव संसाधन मंत्रालय के सामने गिड़गिड़ाऊँगा
और साहित्य के नम्बर दो के रास्ते से इस साल मद्रास जाऊँगा

जहाँ इतना सारा पतन हो रहा है
वहाँ एक स्वतन्त्र लेखक का कौवों के लिए
यह पतन क्या आप क्षमा नहीं करेंगे?

तितली

सरकार एक तितली पकड़ना
चाहती है, उसे चाहिए
एक फूल बैजयन्ती का।

सरकार को एक टमटम चाहिए
वह हवा खाने निकलेगी
आज रात निहारेगी आसमान में टँके
तारे
उसे चाहिए एक सारंगी, एक ख़रगोश
एक मोर।

सरकार गायेगी और नाचेगी
तितली की तरह फूल पर बैठकर
अपने पंखों में रंग भरेगी।

सरकार को एक आदमी चाहिए
सिर्फ़ एक अदद आदमी।
वह उसके साथ सोयेगी सारी रात,

सपनों की दुनिया में टहलायेगी,
सीने में टिकायेगी अपना माथा
चूमेगी उसे ओर-पोर।

सरकार क़सम खाकर कहती है
कि सुबह होने पर
जब वह कहेगी—'विदा बन्धु विदा'
तो आदमी लौटेगा
साबुत-का-साबुत,
एक लौटते हुए आदमी की तरह।

छींक

ज़िल्लेइलाही
शाहंशाह-ए-हिन्दुस्तान
आफ़ताब-ए-वक़्त
हुज़ूर-ए-आला!

परवरदिगार
जहाँपनाह!

क्षमा करें मेरे पाप।

मगर ये सच है
मेरी क़िस्मत के आक़ा,
मेरे ख़ून और पसीने के क़तरे-क़तरे
के हक़दार,
ये बिल्कुल सच है

कि अभी-अभी
आपको
बिल्कुल इनसानों जैसी
छींक आयी।

एक भाषा हुआ करती है

(भाषा-शृंखला की पहली कविता)

एक भाषा हुआ करती है
जिसमें जितनी बार मैं लिखना चाहता हूँ 'आँसू' से मिलता-जुलता
    कोई शब्द
हर बार बहने लगती है रक्त की धार

एक भाषा है जिसे बोलते वैज्ञानिक और समाजविद् और तीसरे दर्ज़े
    के जोकर
और हमारे समय की सम्मानित वेश्याएँ और क्रान्तिकारी सब शरमाते हैं
जिसके व्याकरण और हिज्जों की भयावह भूलें ही
कुलशील, वर्ग और नस्ल की श्रेष्ठता प्रमाणित करती हैं

बहुत अधिक बोली-लिखी, सुनी-पढ़ी जाती,
गाती-बजाती एक बहुत कमाऊ और बिकाऊ बड़ी भाषा
दुनिया के सबसे बदहाल और सबसे असाक्षर, सबसे ग़रीब और
    सबसे ख़ूँख़्वार,
सबसे काहिल और सबसे थके-लुटे लोगों की भाषा,
अस्सी करोड़ या नब्बे करोड़ या एक अरब भुक्खड़ों, नंगों और ग़रीब

लफंगों की जनसंख्या की भाषा,
वह भाषा जिसे वक़्त ज़रूरत तस्कर, हत्यारे, नेता, दलाल, अफ़सर,
भड़ुए,
रंडियाँ और कुछ जुनूनी नौजवान भी बोला करते हैं

वह भाषा जिसमें लिखता हुआ हर ईमानदार कवि पागल हो जाता है
आत्मघात करती हैं प्रतिभाएँ
'ईश्वर' कहते ही आने लगती है अकसर बारूद की गन्ध

जिसमें पान की पीक है, बीड़ी का धुआँ, तम्बाकू का झार,
जिसमें सबसे ज़्यादा छपते हैं दो कौड़ी के महँगे
लेकिन सबसे ज़्यादा लोकप्रिय अख़बार
सिफ़त मगर यह कि इसी में चलता है
कैडबरीज़, सांडे का तेल, सुजूकी, पिज़ा, आटा-दाल और
स्वामी जी और हाई साहित्य और सिनेमा और राजनीति का सारा बाज़ार

एक हौलनाक विभाजक रेखा के नीचे जीने वाले
सत्तर करोड़ से ज़्यादा लोगों के
आँसू और पसीने और ख़ून में लिथड़ी एक भाषा
पिछली सदी का चिथड़ा हो चुका डाकिया अभी भी जिसमें बाँटता है
सभ्यता के इतिहास की सबसे असभ्य और सबसे दर्दनाक चिट्ठियाँ

वह भाषा जिसमें नौकरी की तलाश में भटकते हैं भूखे दरवेश
और एक किसी दिन चोरी या दंगे के जुर्म में गिरफ़्तार कर लिए जाते
हैं
जिसकी लिपियाँ स्वीकार करने से इनकार करता है
इस दुनिया का समूचा सूचना जंजाल

आत्मा के सबसे उत्पीड़ित और विकल हिस्से में जहाँ जन्म लेते हैं शब्द
और किसी मलिन बस्ती के अथाह गूँगे कुएँ में डूब जाते हैं चुपचाप
अतीत की किसी कंदरा से एक अज्ञात सूक्ति को अपनी व्याकुल
थरथराहट में थामे लौटता है कोई जीनियस
और घोषित हो जाता है सार्वजनिक तौर पर पागल
नष्ट हो जाती है किसी विलक्षण गणितज्ञ की स्मृति
नक्षत्रों को शताब्दियों से निहारता कोई महान् खगोलविद्
भविष्य भर के लिए अन्धा हो जाता है
सिर्फ़ हमारी नींद में सुनाई देती रहती है उसकी अनन्त बड़बड़ाहट...
मंगल...शुक्र...बृहस्पति
सप्तर्षि...अरुंधति...ध्रुव...
हम स्वप्न में डरे हुए देखते हैं टूटते उल्का पिंडों की तरह
उस भाषा के अंतरिक्ष से
लुप्त होते चले जाते हैं एक-एक कर सारे नक्षत्र

भाषा जिसमें सिर्फ़ कूल्हे मटकाने और स्त्रियों को
अपनी छाती हिलाने की छूट है
जिसमें दंडनीय है विज्ञान और अर्थशास्त्र और शासन से सम्बन्धित विमर्श
प्रतिबन्धित हैं जिसमें ज्ञान और सूचना की प्रणालियाँ
वर्जित हैं विचार

वह भाषा जिसमें की गयी प्रार्थना तक
घोषित कर दी जाती है साम्प्रदायिक
वही भाषा जिसमें किसी ज़िद में अब भी करता है तप कभी-कभी
कोई शम्बूक
और उसे निशाने की जद में ले आती है हर तरह की सत्ता की ब्राह्मण
बन्दूक़

भाषा जिसमें उड़ते हैं वायुयानों में चापलूस
शॉल ओढ़ते हैं मसखरे, चाकर टाँगते हैं तमग़े
जिस भाषा के अन्धकार में चमकते हैं
किसी अफ़सर या हुक्काम या किसी पंडे के सफ़ेद दाँत और
तमाम मठों पर नियुक्त होते जाते हैं बर्बर बुलडॉग

अपनी देह और आत्मा के घावों को और तो और
अपने बच्चों और पत्नी तक से छुपाता
राजधानी में कोई कवि जिस भाषा के अन्धकार में
दिन-भर के अपमान और थोड़े से अचार के साथ
खाता है पिछले रोज़ की बची हुई रोटियाँ
और मृत्यु के बाद पारिश्रमिक भेजने वाले किसी राष्ट्रीय अख़बार या
मुनाफ़ाखोर प्रकाशक के लिए
तैयार करता है एक और नयी पांडुलिपि

यह वही भाषा है जिसको इस मुल्क़ में हर बार कोई शरणार्थी,
कोई तिजारती, कोई फिरंग
अटपटे लहजे में बोलता और जिसके व्याकरण को रौंदता
तालियों की गड़गड़ाहट के साथ दाख़िल होता है इतिहास में
और बाहर सुनाई देता रहता है वर्षों तक आर्तनाद

सुनो दायोनीसियस, कान खोलकर सुनो
यह सच है कि तुम विजेता हो फिलहाल, एक अपराजेय हत्यारे
हर छठे मिनट पर तुम काट देते हो इस भाषा को बोलने वाली एक
और जीभ

तुम फ़िलहाल मालिक हो कटी हुई जीभों, गूँगे गुलामों और दोग़ले
 एजेंटों के
विराट् संग्रहालय के
तुम स्वामी हो अन्तरिक्ष में तैरते कृत्रिम उपग्रहों, ध्वनि तरंगों,
संस्कृतियों और सूचनाओं
हथियारों और सरकारों के
यह सच है

लेकिन देखो,
हर पाँचवें सेकेंड पर इसी पृथ्वी पर जन्म लेता है एक और बच्चा
और इसी भाषी में भरता है किलकारी

और
कहता है–'माँ'!

कायदा

कोई नहीं डाँटेगा जोर से
'बायें चलो',
लेकिन हम सड़क पर बायें चलेंगे
कोई नहीं कहेगा बाहर पाज़ामा मत पहनो
हम लेकिन नहीं पहनेंगे

हमें कोई नहीं रोकेगा आधी रात गाने पर
हम लेकिन गायेंगे नहीं दिन में भी
कहीं नहीं लगा होगा कैमरा
कहीं फोन टैप नहीं हो रहे होंगे हमारे
कोई हमारी चिट्ठयाँ खोलकर पढ़ नहीं रहा होगा
हम लेकिन बोलेंगे-लिखेंगे
अस्पष्ट, सुरक्षित, चालाक और शालीन शब्द

हम भी होते जायेंगे नागरिक

क्यू में खड़े होंगे, टिकट खरीदेंगे,
छुट्टे पैसे देंगे

बस में धूम्रपान नहीं करेंगे
फिल्म हाल में नहीं खायेंगे मूँगफली

लगातार हम सोचेंगे
एक सुन्दर जीवन और एक सुन्दर कविता के बारे में।

आलोचना की सूची में होगा हमारा भी नाम
संस्थाएँ हमें भी भेजेंगी विदेश
हमारे कन्धे भी ओढ़ेंगे शाल।

तीन वर्ष

मैं तुम्हें पिछले
तीन वर्षों से जानता हूँ

तीन वर्ष इतने जल्दी नहीं होते
जितनी जल्दी कह दिये जाते हैं

तीन वर्षों में
कलम में आम लग जाते हैं
सामने की छत पर
दोपहर कंघी करने वाली लड़की
कहीं गायब हो जाती है
स्कूल के निरंजन मास्साब
शाजापुर चले जाते हैं
काकी को तपेदिक हो जाता है और
तीन वर्षों में
मुझे और मेरे भाई को कहीं नौकरी नहीं मिलती

तीन वर्षों में

हमारे चेहरों, प्रेमिकाओं और उम्मीदों
और बहुत सारी चीज़ों को घुला डालने लायक
काफ़ी सारा तेज़ाब होता है

मैं तुम्हें पिछले
तीन सालों से बताना चाहता हूँ
कि इन अख़बारों में
पिछले कई वर्षों से हमारे बारे में
कुछ भी नहीं छपा।

एक जल्दबाज़ बुरी कविता में आँकड़े

कविता का एक वाक्य लिखने में दो मिनट लगते हैं
इतनी देर में चालीस हज़ार बच्चे मर चुके होते हैं
ज़्यादातर तीसरी दुनिया के
भूख और रोग से

दस वाक्यों की ख़राब जल्दबाज़ कविता में अमूमन लग जाते हैं
बीस से पच्चीस मिनट
इतनी देर में चार से पाँच लाख समा जाते हैं
मौत के मुँह में
कविता अच्छी हो इतनी कि कवि और आलोचक
उसे कविता कहना पसन्द न करें या उसके कई ड्राफ्ट तैयार हों
तो तब तक कई करोड़ बच्चे, कई हज़ार या लाख औरतें और
नागरिक
मर चुके होते हैं निरपराध इस विश्वतंत्र में

यानी ज़्यादा मुकम्मल कविता के नीचे
एक बहुत बड़ा श्मशान होता है

जितना बड़ा श्मशान
उतना ही कवि और राष्ट्र महान्।

सफल चुप्पी

हमारी आँखें और सम्भावनाएँ जहाँ तक़ जाती थीं
टँगे थे उनके चिथड़े हर जगह सूखते हुए हमारे समय में

जब कोई राजधानी का कवि काव्य-पाठ में श्रोताओं को विभोर करने की
कामयाबी तक पहुँचता था
ढन्न से गिरता था कहीं सख़्त धरती पर उनका बीमार कटोरा
जैसे ही ख़ुराना साहब की बेटी दारियो फो के हिन्दी नाटक में
बोलती थी कोई सिहरता हुआ संवाद
ज़ोर से रोता था उनका कोई बच्चा या थिएटर के बाहर उनमें से कोई
आ जाता था
किसी ब्लू लाइन बस के नीचे

बहुत खदेड़ा जाता था उन्हें दिल्ली से बाहर
लेकिन वे कीड़ों और मक्खियों की तरह हर जगह आ जाते थे
उनके टपरे सुबह-सुबह उग जाते थे वहाँ, जहाँ कल तक नहीं था
उनका निशान
पुलिस आती थी बुलडोज़रों और बंदूक़ों के साथ और उजाड़ती रहती थी
उनका संसार

एक पिचके पतीले में कोई अज्ञात-सा दाना उबालती हुई
अपने परिवार की भूख को एक स्वप्न से स्थगित करती स्त्री से
उनके घरों में घुसकर करती थी बलात्कार

यह सच राजधानी का हर सफल कवि जानता है कि ये स्त्रियाँ
सदियों से
बलात्कार की सन्तानें पैदा करती रही हैं
लेकिन सारी सफलताएँ ऐसी कई चुप्पियों पर ही निर्भर हैं
जानते हैं वे यह एक
रहस्य
लाखों या करोड़ों ऐसे बच्चे प्लेटें धोते थे, भुट्टे, ब्रेड, प्लास्टिक के
सामान, अंडे-अख़बार
और अटर-शटर चीज़ें बेचते मकोड़ों की तरह रेंगते थे शहर भर में
और सौ साल से ज़्यादा लगती थी उनकी उम्र
उनकी चुप्पी से पता चलता था कि वे सब कुछ जानते हैं
सब किसी के बारे में
अपनी चुप्पी में छुपाते हुए अपनी जानकारियाँ
जब वे गाते थे तो अकसर ही होता था वह वयस्कों का कोई गीत
उनके हँसने के पीछे से सुनायी देती थी
अकसर किसी गम्भीर बूढ़े की खाँसने और कराहने की आवाज़

सिनेमा हॉल की सबसे अगली क़तारों पर बैठे हुए
वे मनोरंजन उद्योग का 'बॉक्स ऑफ़िस' तय करते थे
और जब अस्सी लाख या डेढ़ करोड़ की फ़ीस लेकर नाचती हुई एक
आइटम गर्ल
हिलाती थी अपने कूल्हे और छातियाँ
तो उनकी सीटियाँ बजती थीं अँधेरे में

कुछ इस हद तक हमसे अलग था उनका दिमाग़
कि वे खलनायक को ही ताली बजा-बजाकर उकसाते थे
'ठोंक दे, साली को ठोंक दे!'
हम सब जानते हैं कि नहीं है यह कोई
नारी-विरोधी मर्द सत्ता का शिशु दिमाग़
हमारे समय की संस्कृति या अप-संस्कृति के बीचों-बीच
इन करोड़ों बच्चों की मौजूदगी की संस्कृति का अर्थ
क्या है इसे हम जान सकते हैं

लेकिन हमें फ़िलहाल कविता की
सफलता के बारे में सोचना है
जिसका रहस्य ऐसी जगहों की ख़ामोशी पर ही मुनहसर है।

महाभारत के बाद

धोबी का लड़का कुछ शैतान है
और सभ्यता की उसमें निहायत कमी है
वह महाभारत देखना चाहता है टीवी में और अपने साथ
अपनी मैली-सी बहन को भी ले आता है

एक दिन ऐसा होगा कि यह सीरियल ख़त्म हो चुका होगा

फिर तो धृतराष्ट्र
पूरी दिल्ली में पूछता फिरेगा किसी धोबी का पता
और उसके कान से टकराएँगी लगातार हॉर्न की आवाज़ें

महाभारत के खत्म होने के बाद कालचक्र कहता है कि
सिर्फ़ हॉर्न बजते हैं
और खोजने पर भी इन्द्रप्रस्थ में कहीं कोई धोबी नहीं मिलता।

महाभारत के बाद
हर किसी के कपड़ों पर दिखाई देते हैं खून के दाग़।

किसका शव

यह किसका शव था यह कौन मरा
वह कौन था जो ले जाया गया है निगम बोध घाट की ओर

कौन थे वे पुरुष, अधेड़
किन बच्चों के पिता जो दिखते थे कुछ थके कुछ उदास
वह औरत कौन थी जो रोये चली जाती थी
मृतक का कौन-सा मूल गुण उसके भीतर फाँस-सा
गड़ता था बार-बार
क्या मृतक से उसे वास्तव में था प्यार

स्वाभाविक ही रही होगी, मेरा अनुमान है, उस स्वाभाविक मनुष्य की मृत्यु
एक प्राकृतिक जीवन जीते हुए उसने खींचे होंगे अपने दिन
चलायी होगी गृहस्थी कुछ पुण्य किया होगा
उसने कई बार सोचा होगा अपने छुटकारे के बारे में
दायित्व उसके पंखों को बाँधते रहे होंगे

उसने राजनीति के बारे में भी कभी सोचा होगा ज़रूर
फिर किसी को भी वोट दे आया होगा

उसे गम्भीरता और सार्थकता से रहा होगा विराग

सात्विक था उसका जीवन और वैसा ही सादा उसका सिद्धान्त
उसकी हँसी में से आती होगी हल्दी और हींग की गन्ध
हालाँकि हिंसा भी रही होगी उसके भीतर पर्याप्त प्राकृतिक मानवीय
मात्रा में

वह धुन का पक्का था
उसने नहीं कुचली किसी की उँगली
और पट्टियाँ रखता था अपने वास्ते
एक दिन ऊब कर उसने तय किया आख़िरकार
और इस तरह छोड़ दी राजधानी
मरने के पहले उसने कहा था...परिश्रम, नैतिकता, न्याय...

एक रफ्तार है और तटस्थता है दिल्ली में
पहले की ही तरह, निगम बोध के बावजूद
हवा चलती है यहाँ तेज पछुआ

खासियत है दिल्ली की
कि यहाँ कपड़ों के भी सूखने से पहले
सूख जाते हैं आँसू।

बिरजित ख़ान

(स्व. शैलेश मटियानी के लिए)

हिन्दी में हम
जैसे बिरजित ख़ान कंधार के मैदान में

अपनी भेड़ों के साथ जंगल, खेत, दर्रों और पहाड़ों में भटकता

अपनी ही भाषा के भूगोल में
बिरजित ख़ान

बिरजित ख़ान
गड़रिया

रात के मैदान में चन्द्रमा की परछाईं में
सोया बिरजित ख़ान
नींद में डूबी थकी भेड़ों और रुई की गठरियों की तरह
दूर-दूर हिलते-डुलते मेमनों के बीच ख़ुद
जैसे धुँधला-सा चन्द्रमा

बिरजित ख़ान

अचानक
रात के आकाश में टूटती उल्काओं की तरह आते हैं
पश्चिम से बमबार
बिजलियों की तरह गरजते
लहुलूहान माथा, टूटी हुई बाँह, चिथड़ी हुई आत्मा
अब सिर्फ़ एक बेचैन कबंध भर है
बिरजित ख़ान

ख़ून में नहाये मेमने
जैसे गोधूलि की अन्तिम किरणों में रँगी हुईं
बद्‌दलों की लाल लाल लाल गठरियाँ

मेमनों और भेड़ों के शवों के बीच
चीख़ता है बिरजित ख़ान
जैसे चीख़ते हैं हम
अपनी ही भाषा के भीतर

हिन्दी में हम
जैसे कंधार में बिरजित ख़ान

जैसे बामियान में बुद्ध
जैसे नज़फ में तितली
जैसे दज़ला में फूल

फ़रात में कश्ती

गुजरात में
वली दकनी

अपनी ही भाषा के भूगोल में
हम सब बिरजित ख़ान
...
गड़रिए!

(बिरजित ख़ान उस गड़रिए का नाम था, जो अफ़गानिस्तान में अमेरिकी बमबारी के दौरान अपनी भेड़ों के साथ घायल हुआ था। उस हाल में भी वह अपने लिए नहीं, मेमनों और भेड़ों के लिए चीख़ रहा था। इस घटना की ख़बर टी.वी. या व्यावसायिक अख़बारों ने नहीं, मानवाधिकारों और शान्ति के पक्ष में पत्रकारिता कर रहे प्रख्यात पत्रकार रॉबर्ट फिस्क ने दी थी।)

भागो

दफ़्तर से निकलता
अपने शरीर को झुलाता, अपने होने को बजाता
अपने जीवन को लिये हुए चला आ रहा कवि है

कवि के जीवन में होती है
इतनी कविता-इतनी कविता
कि दिखाई नहीं पड़ता जीवन

कवि की कविता में होता है
इतना जीवन-इतना जीवन
कि दिखाई नहीं देती कविता

कवि के डर में होता है
इतना डर-इतना डर
कि दूसरों को आ जाती है हँसी

कवि के प्रेम में होता है
इतना प्रेम-इतना प्रेम

कि घबराती है लड़की

कवि के दुख में होता है
इतना दुख-इतना दुख
कि बनते हैं चुटकुले

कवि की चीनी में होती है
इतनी चीनी-इतनी चीनी
कि बैठती नहीं कोई मक्खी

कवि की हँसी में होती है
इतनी हँसी-इतनी हँसी
कि डर के मारे रोता है बच्चा

अख़बार में अपनी रचना को छपाता
अपने जीवन को ज़ोर-ज़ोर से बजाता
इसी दिशा को चला आता
दिखाई पड़ रहा कवि है

भागो, भाई
भागो।

हम हैं ताना...हम हैं बाना

हम हैं ताना, हम हैं बाना।
हमीं चदरिया, हमीं जुलाहा, हमीं गजी, हम थाना ॥ हम हैं ताना... ॥

नाद हमीं, अनुनाद हमीं, निःशब्द हमीं गम्भीरा,
अन्धकार हम, चाँद-सुरज हम, हम कान्हा हम मीरा।
हमीं अकेले, हमीं दुकेले, हम चुग्गा, हम दाना ॥ हम हैं ताना... ॥

मन्दिर-महजिद, हम गुरुद्वारा, हम मठ, हम बैरागी
हमीं पुजारी, हमीं देवता, हम कीर्तन, हम रागी।
आखत-रोली, अलख-भभूती, रूप धरें हम नाना ॥ हम हैं ताना... ॥

मूल-फूल हम, रुत बादल हम, हम माटी, हम पानी
हमीं जहूदी-शेख-बरहमन, हरिजन हम ख़िस्तानी।
पीर-अघोरी, सिद्ध-औलिया, हमीं पेट, हम खाना ॥ हम हैं ताना... ॥

नाम-पता, ना ठौर-ठिकाना, जात-धरम ना कोई
मुलक-ख़लक, राजा-परजा हम, हम बेलन, हम लोई।
हम ही दुलहा, हमीं बराती, हम फूंका, हम छाना ॥ हम हैं ताना... ॥

एक अकेले का गाना

धन्य प्रिया तुम जागीं,
ना जाने दुःखभरी रैन में कब तेरी अँखियाँ लागीं।

जीवन नदिया, बैरी केवट, पार न कोई अपना
घाट पराया, देस बिराना, हाट-बाट सब सपना।
क्या मन की, क्या तन की, किहनी अपनी अँसुअन पागी॥
धन्य प्रिया...

दाना-पानी, ठौर-ठिकाना, कहाँ बसेरा अपना
निस दिन चलना, पल-पल जलना, नींद भई इक छलना।
पाखी रूँख न पाएँ, अँखियाँ बरस-बरस की जागीं॥ धन्य प्रिया...

प्रेम न साँचा, शपथ न साँचा, साँच न संग हमारा
एक साँस का जीवन सारा, बिरथा का चौबारा।
जीवन के इस पल फिर तुम क्यों जनम-जनम की लागीं॥ धन्य प्रिया...

धन्य प्रिया तुम जागीं,
ना जाने दुःखभरी रैन में कब तेरी अँखियाँ लागीं।